儿童社交力培养

ERTONG
SHEJIAO LI PEIYANG

周金萍 著

中国铁道出版社有限公司
CHINA RAILWAY PUBLISHING HOUSE CO., LTD.

图书在版编目（CIP）数据

儿童社交力培养 / 周金萍著. — 北京：中国铁道出版社有限公司，2024.12
ISBN 978-7-113-31031-8

Ⅰ.①儿… Ⅱ.①周… Ⅲ.①社会交往-儿童教育-家庭教育 Ⅳ.① G78

中国国家版本馆 CIP 数据核字 (2024) 第 039711 号

书　　名：儿童社交力培养
作　　者：周金萍

责任编辑：孟智纯　　　　　编辑部电话：(010) 51873697
装帧设计：闫江文化
责任校对：刘　畅
责任印制：赵星辰

出版发行：中国铁道出版社有限公司（100054，北京市西城区右安门西街 8 号）
网　　址：https://www.tdpress.com
印　　刷：河北宝昌佳彩印刷有限公司
版　　次：2024 年 12 月第 1 版　2024 年 12 月第 1 次印刷
开　　本：880 mm×1 230 mm　1/32　印张：5.5　字数：130 千
书　　号：ISBN 978-7-113-31031-8
定　　价：58.00 元

版权所有　侵权必究

凡购买铁道版图书，如有印制质量问题，请与本社读者服务部联系调换。电话：(010) 51873174
打击盗版举报电话：(010) 63549461

前言

当今的孩子天资聪颖,但是家长也应当从小细心培育他们与人、与环境交流的能力,激发和促进他们内在的"社交力",这将使他们在未来的人生道路上更加得心应手,一帆风顺。

随着孩子们步入青春期,不少家长开始面临一系列挑战:孩子怎么变得这么叛逆?他们为何不愿出门与人交往?为何越来越内向?他们为什么不愿意和我们家长敞开心扉交流?他们对任何事情似乎都提不起劲,这是不是意味着他们失去了上进心?还有,为什么他们总是对周围的世界、对生活显得如此冷淡?坦白说,这些问题的背后,很可能是孩子们缺乏"社交力"的表现。

我所强调的"社交力"是可以通过适当的方法进行培养和锻炼的。然而,最高效的培养途径不仅仅局限于与同龄人的互动,更包括与身边的成年人和外界环境进行积极而深入的交流。

作为北京市朝阳区实验学校一名高中生的家长,同时兼任中国家庭教育学会家校专委会的委员,我有机会深入观察我女儿及周边孩子们的成长。这些经历让我认识到:积极的社交活动对孩子形成稳固的自我感和群体归属感极为关键，而在同龄人中寻找并共同成长是最自然的发展途径。格兰特研究也证实了这一点——友谊是幸福人生的关键要素。保持与伙伴们良好的关系，对于孩子们来说意味着一个快乐的童年。因此，家长在指导孩子如何与伙伴们和睦相处方面扮演着至关重要的角色。

然而，我也注意到一些年轻的父母，出于对孩子社交能力的过度担忧，有时会产生误解。在公园或游乐场，我们经常可以看到这样的情形：一些孩子能够自然而然地加入到其他小朋友的游戏中，而有些孩子虽然渴望参与，却不知道如何与不熟悉的伙伴交朋友，他们可能会显得害羞、焦虑，甚至有些烦躁。有的孩子遇到熟人会主动打招呼并展露出甜美的笑容，而有的孩子则十分腼腆，即便父母多次催促，也只能轻声地勉强问候。看到自己的孩子不如其他孩子那样善于社交，许多家长便开始焦急，恨不得自己代替孩子去建立社交关系。

实际上，家长们应该从更广阔的视角来理解"社交"这一概念。狭义上的社交，可能仅仅指的是孩子与他人建立友谊的行为，但广义上的社交能力涉及同理心、价值观，以及我们对世界的看法，它关乎我们如何从不同的角度看待周围发生的事情，以及我们如何与周围的人和环境中的物体进行互动。

您是否希望孩子更加热情开朗？是否期望与孩子之间的关系更亲密无间？想要了解如何缩短与孩子之间的距离感吗？是否想知道如何与青春期的孩子保持顺畅的沟通？那么，您应该阅读这本揭示"隐形情商"培养秘诀的书籍，它能够真诚地指导您在育儿旅程中如沐春风般润物无声。

这本书是专为0~18岁儿童的家长编写的社交能力培养手册。

它根据不同年龄阶段孩子的成长特征，提供了众多实用的建议和方法，如营造有利于社交的环境，鼓励孩子参与游戏、体育活动和旅行，以及如何帮助孩子在集体生活中找到自己的位置等。书中不仅分享了真实案例故事，对每个案例进行了点评，还给出了具体的操作方法，同时也提供了当孩子遇到社交问题时的解决方案。

　　本书强调了除了与人建立良好关系的重要性外，还提出了与"物"正确交往的观念，即鼓励孩子与动植物交流，与自然和谐相处，帮助他们发现自我价值，从而在科学世界中减轻内在的压力。针对当前孩子们普遍面临的社交痛点，笔者也做了深入分析，并提供了针对性的解决策略。

　　全书分为四个年龄段和五大板块，为不同需求的孩子设计了个性化的"社交力"培养计划。总而言之，本书的宗旨在于帮助父母轻松掌握从小培养孩子"社交力"的方法，促进与孩子的和谐共处，同时提前了解孩子在青春期可能遇到的问题，并为他们提供缓解压力的途径。

周金萍

2024 年 3 月

目录

1 轻松养育，为孩子奠定步入社会的基石

1.1 什么是社交力 / 2
1.2 为孩子培养四种朋友：学友、书友、驴友、仁友 / 5
1.3 家长用心陪伴，成就孩子高社交商 / 9
1.4 运动：培养孩子的"运动社交力" / 12
1.5 阅读：培养孩子的"文化社交力" / 15
1.6 旅行：培养孩子的"视野社交力" / 18
1.7 "非干涉型"教育：帮孩子度过社交低频期 / 21

2 创造良好的社交环境，从小宝宝做起

2.1 固定的户外活动伙伴：稳定的社交环境，使婴幼儿更欢愉 / 24
2.2 越早参加户外活动越好：多为孩子创造社交机会 / 28
2.3 一起游泳：有助于共同战胜"恐惧情绪" / 31
2.4 常去同伴家串门：培养孩子独立相处的能力 / 35

2.5　一起爬行：充分发挥学习、模仿的作用 / 38

2.6　一起学走路：磨炼意志，培养孩子的社交能力 / 41

2.7　一起玩沙子：培养孩子的合作精神 / 44

2.8　一同进餐：初步尝试分享，并有利于学说话 / 47

2.9　参加集体活动：让孩子初步懂得遵守规则 / 50

2.10　亲近动物：培养孩子的亲善性、同理心 / 53

3　让孩子拥有更独立自主的社交空间

3.1　野餐：体验主动分享的乐趣 / 58

3.2　找小伙伴给孩子过生日：学会当小主人 / 62

3.3　互相拜访：学会做客的基本礼仪 / 65

3.4　一起出游：寻找志趣相投的伙伴 / 71

3.5　自由玩耍：学会帮助他人 / 75

3.6　自由运动：学会自立、自强 / 79

3.7　采摘、爬山：让孩子学会互相鼓励 / 83

3.8　参加植树活动：培养劳动价值观和环保意识 / 88

3.9　参加公益活动：培养善心和勇气 / 91

3.10　去农村体验生活：培养吃苦精神和适应能力 / 95

4　帮助孩子在集体中找到自己的位置

4.1　参加学校的社会实践活动：认识大自然、主动帮助他人 / 100

4.2　和小伙伴一起劳动：释放压力、开阔胸怀 / 104

4.3　参加学校社团：学会接纳、尊重差异 / 107

4.4　参加跳蚤市场：克服害羞和胆小 / 110

4.5　微信朋友圈里"晒娃"：让孩子体会被关注、认可的感觉 / 114

4.6　适当使用电子产品：有利于交友 / 118

4.7　适度看电视、玩游戏：避免和同伴无话题 / 121

4.8　远离校外围堵：立刻行动、及时止损 / 124

4.9　面对孩子的沉默：观察、理解、尊重 / 127

4.10　孩子被排挤或排挤别人：找原因、多疏导 / 130

5 爱要说出口：不可回避的青春期社交痛点

5.1　为什么孩子越大越不愿意与家长沟通 / 134

5.2　家长应该如何与孩子谈论"早恋"这个话题 / 138

5.3　家长应该怎样帮"易怒型孩子"平和心态 / 143

5.4　要勇敢对"校园霸凌"说"不" / 148

5.5　家长应及时干预"校园软欺凌"事件 / 154

5.6　很"宅"的孩子对大自然不感兴趣的根源是什么 / 159

后记 / 164

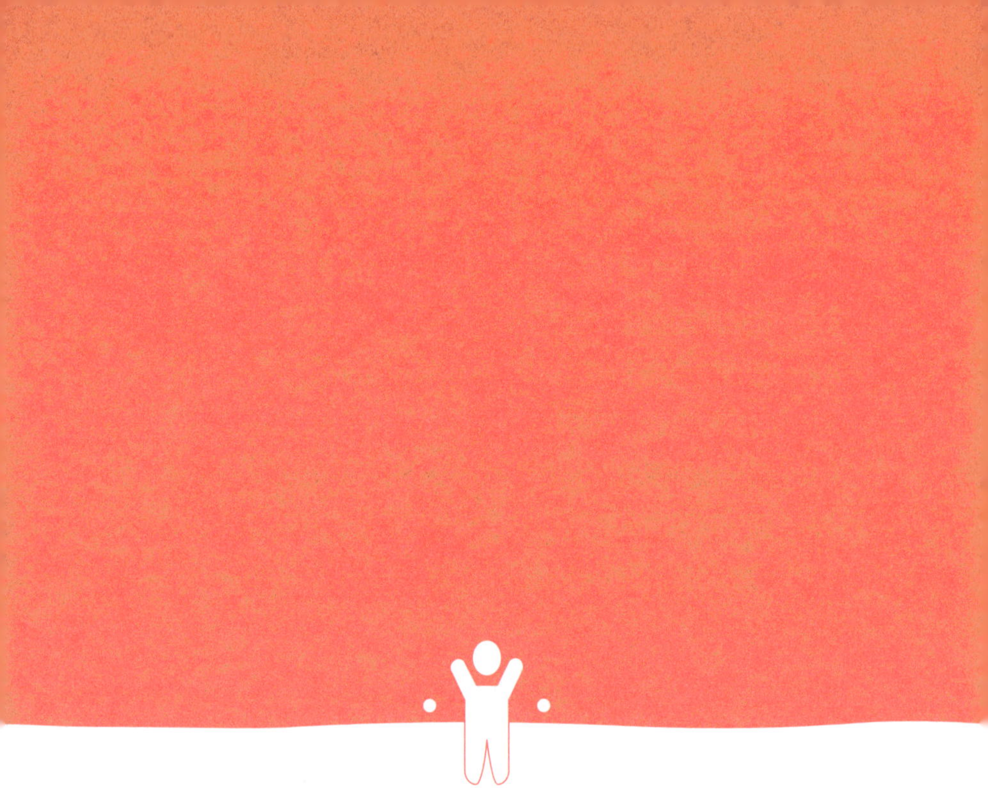

1

轻松养育,为孩子奠定步入社会的基石

社交力是孩子成长不可或缺的软实力,家长可通过用心陪伴,为孩子培养四种关键朋友,并结合运动、阅读与旅行等多种方式,全方位塑造孩子的社交力,为其未来的人生奠定坚实的基础。

1.1 什么是社交力

社交力是情商的一种体现,是人与人之间沟通的桥梁,也是生活中不可或缺的生存工具。良好的人际关系对孩子的身心健康发展非常重要,可以帮助他们更好地融入社会。然而,在成长过程中,孩子常常面临各种社交问题,比如不懂礼貌、不懂分享、不爱说话、不合群等。这些问题不仅会对孩子的心理健康产生负面影响,还可能导致青春期逆反行为的发生,轻则不愿与人沟通,沉迷于网络世界,重则甚至出现心理问题。因此,如何帮助孩子更好地与他人相处,以及解决他们的社交恐慌,成为许多家长的难题。

培养孩子的社交力,家长需要鼓励孩子与动物和植物交流,与自然和谐相处,帮助他们找到自我价值,释放现实生活中的压力。当孩子感到疲惫时,可以与自然界的动物和植物互动,缓解大脑的疲劳;当孩子心情低落且不愿与人倾诉时,可以与家中的宠物或植物进行心灵交流,让压抑的情绪得到宣泄;当孩子进入青春叛逆期并且不愿与家长沟通时,家长可以利用孩子饲养的动物和植物的话题与他们进行交流。

2021年春节，我们过得并不是特别愉快。幸运的是，有宠物乌龟欢欢、大狗黄黄和肥猫花花陪伴着女儿。由于当"留守老人"太久，父亲的心情变得焦躁不安，经常与母亲争吵，与邻居的关系也变得紧张起来。我担心年迈的父母会因为频繁发生这些事件而导致意外，先生也因为婆婆无人照料必须回河北老家，所以放寒假后，我便独自带着女儿从北京回到湖南老家看望我的父母。这是女儿出生以来第一次无法与爸爸一起过春节。我一直担心她能否适应这种变化。

我们从北京出发的时候带着乌龟欢欢，女儿一有空就跟它说话，一路上没有太孤单。在孩子眼里，欢欢就像家里的一位成员，她经常戏称自己是欢欢的妈妈。

到了老家，女儿惊喜地发现她的黄黄长成了一个大帅哥的模样：浑身的毛发又浓又滑，像披着一身绸缎。黄黄一抖身子，那身绸缎便如光滑的地毯一样跟着翻滚。这只小狗前一年春节才来到老妈家，那时它刚满月，又小又肉乎乎的，样子很招女儿稀罕。吃饭时，女儿担心黄黄吃不到鸡骨头，总是快速地吃掉外婆特意为她炖的土鸡。孩子一边稍微啃啃鸡肉，一边喊黄黄过去吃骨头，心里还暗暗得意自己没啃完肉就给狗吃，居然瞒过了外婆。这些时候，女儿一门心思在如何让黄黄吃到更多肉上，几乎忘了爸爸不在场，所以也没有太多惆怅。

老妈家还有只肥猫，但不知怎么回事，一见到女儿就飞奔逃窜，女儿感到莫名其妙，总想逮住肥猫探探究竟。在黄黄和欢欢都睡了之后，她就爱去厨房等肥猫回家。

"花花，花花，我看见你了！"女儿在厨房欢叫着往屋外追去,"花花,花花,你跑什么?回来!你这只肥猫!"

看到女儿与猫的纠缠,我不禁想:这哪里像正在青春叛逆期的孩子啊?别人所说的"可怕的14岁",在这丫头身上好像并未出现呢。

仔细回想一下,女儿之所以性格如此开朗,对动物和人的交往态度一样,这跟我从小对她"亲近自然"的培养是分不开的。当时只觉得一个孩子太孤单了,让她养养鱼、喂喂龟,也算有个消遣,有几个"伙伴"可以玩玩,没想到孩子到了青春期,这些"癖好"给了她更多、更大的好处:多一种动物多一个伴,女儿的生活从此不孤单。

通过培养孩子的社交力,他们可以在运动中释放压力,在阅读中找到宁静,在旅行中探索人生的意义,并在困境时与动物和植物朋友倾诉。

1.2 为孩子培养四种朋友：
学友、书友、驴友、仁友

在家庭教育中，给孩子培养一群志同道合的朋友可以带来多重益处。首先，这样的朋友可以帮助孩子在成长过程中找到伙伴和支持，共同面对生活的挑战和困难。其次，他们可以提供广阔的视野和积极向上的影响，帮助孩子发展自己的兴趣和潜能。

为了给孩子培养这样一群朋友，我和先生在女儿上一年级时建立了一个英语学习小组群。我们和其他家长经常在群里交流孩子的英语学习经验，分享学习方法，并相互监督孩子及时复习。每年元旦前夕，我们还会协助老师一起安排孩子排练英语剧，鼓励他们每天勤练剧中自己所扮演角色的英语台词。通过这样的努力，孩子逐渐对英语剧演出产生了兴趣，也更加投入地学习英语。经过两年多的时间，女儿拥有了一群积极向上、视野开阔的朋友，也就是一起学英语、一起探索世界的"学友"。

另外，我们也给女儿建立了一个书友群，邀请其他家长一起参与。我们在群里分享孩子的图书照片，谁先订就先借给谁看。通过相互借书、交流和激励，孩子的阅读能力和识字能力得到了显著提高。在班主任的帮助下,我们还设立了班级流动图书馆,吸引了许多家庭加入其中。家长无私地将自己的藏书拿出来供学生们交换阅读,流动图书馆的图书数量也逐渐增多。经过两年多的努力,书友群的成员越来越多,班里热爱阅读的孩子也越来越多。因此,女儿拥有了一大群志趣相投的共同享受阅读乐趣的"书友"。

为了让女儿有一种积极的、健康的生活方式,节假日时,我会帮女儿约上她的好朋友一起去采摘,不同的季节采摘不同的水果蔬菜。让孩子在劳动中体验丰收、在竞赛中体验收获、在采摘中体验农民伯伯的辛劳,从而让他们明白水果、蔬菜、粮食来之不易。除了采摘,女儿每年都会约好朋友去爬几次山,无论是爬北京的香山、千灵山,还是河北的白石山等,她都会跑在前头。如果团队中有其他小朋友在中途喊累、不愿爬了,她就会去鼓励他们:"别歇,越歇越累,爬到山顶,风景最好了,还有好多好吃的呢!"几个小伙伴你追我赶、互相鼓励着不知不觉就到了山顶。

冬天的时候，我也会约上女儿的小伙伴去滑雪。刚开始滑雪的时候，孩子们都有点胆怯，但只要有一个小朋友敢尝试、会滑了，其他的小朋友也会不甘示弱，都会大胆一试，并逼着自己学会滑雪。这样，勇于挑战之风便在这个团队中盛行。此外，在郊游运动过程中，他们养成了良好的习惯：从不乱扔垃圾、不乱买东西、不边走边吃、会定点定时进餐——他们非常清楚自己的目标。这样的团队活动不仅让孩子热爱生活、热爱运动，还培养了他们团结合作的精神，遇到困难时不屈服、不放弃。

经过多次采摘、爬山、滑雪活动，一个热爱生活、热爱运动，勇于挑战，遇到困难不屈服、不放弃又能团结合作，并且具有健康郊游习惯的阳光小团队组织起来了。就这样，女儿又拥有了一群意志坚强且阳光的"驴友"。

同时，我们也注重培养女儿关爱弱势群体、善待他人的仁爱之心。在学校组织的关爱"星星儿童"（孤独症儿童）活动中，女儿积极参与义演、义卖和捐款，甚至愿意用自己的零花钱来帮助那些有需要的孩子。学校读书节那天，女儿只带了五元钱，卖了两本书又买了四本书，结果只剩两元钱了，她悄悄地问："妈妈，能不能借我一百元？我想捐给'星星儿童'，以后拿我的零花钱慢慢还您！"女儿一天的零花钱只有三元，她能做到这些、想到这些，我很感动。此外，女儿在学校做PPT当小老师讲课时还专门关注了"老年人的关爱"问题。

在老师的教育和"仁友"团队的影响下，女儿养成了一个好习惯：我们家住21层，每次上电梯，她都会先一直按着开门键，并跟外面的老人说："爷爷（奶奶），您别着急，我给您按着开门键呢！"等人全部上完了，她才会按"21"。出电梯的时候，只要有老人跟我们一起下,她都会说:"爷爷(奶奶),您先走!"女儿这一小小的举动使我很欣慰。孩子或许有这样那样的不足,但只要他们心存善良、相互影响,把这样的"善"传下去,这就是一支很了不起的团队。

通过给孩子培养这样一群志同道合的朋友,我们可以帮助他们在学习和成长的过程中获得更多的支持和启发。这样的友谊不仅能够促进他们的个人发展,还能够培养他们的团队合作精神和社会交往能力。

在孩子成长的过程中,家长可以在有条件的情况下帮助他们建立各种学习团队、运动团队、音乐团队和爱心团队等。我们要让孩子明白他们在团队中的价值和作用,明白团队的力量是无穷的。这样,当他们面对未来的挑战时,才能变得无所畏惧。

1.3 家长用心陪伴，成就孩子高社交商

我注意到，一些在重大场合不愿意或不敢开口说话的孩子，他们的家长通常是在外工作，而他们则是由家里的长辈照顾。此外，有些孩子在三四年级就开始表现出对家长言语或行为的反感，家长自嘲说与孩子有"代沟"，有的则干脆抱怨孩子"逆反"。一般来说，如果家长在孩子婴幼儿时期就注重培养他们的社交能力，那么在孩子长大后，就不会频繁出现以上对长辈反感的行为。孩子天生就有与人和外界交往的渴望，在一个陌生环境中，他们通常更愿意表达自己而不是躲避关注。

那么，当孩子展现出不尽如人意的薄弱"社交力"时，是哪个成长环节出现了缺失呢？

在女儿10岁时，我曾经感到担忧：进入青春期后，我的日子会有多么难过啊？果然，女儿13岁后，那些青春期女孩常见的注重外表、讨厌家长唠叨、在意外界目光等问题都出现了。刚开始发现孩子对我有点反感时，我试着改变自己，尽量少说话；当孩子问我学科问题时，我尽量装作一无所知。

"妈妈，为什么其他家长都知道怎么辅导孩子写作业，您却什么都不会？"女儿多次被我拒绝帮助后开始抱怨道，"像你们这样什么都不懂的家长，还指望我能取得多好的成绩吗？"

我狡黠地回答："我和你爸爸目前的生活和工作状态，是你未来的目标吗？"

女儿不解地说："教不教我题，跟这个有什么关系？您就知道瞎扯。"

我耐心解释："我的水平可能不足以教你全部知识，因为知识在不断更新。但我可以告诉你，哪一科需要哪些老师帮忙或者如何查找资料。以后学习时，你要总结之前没学好的原因，避免重复犯同样的错误。"

女儿很服气地接受了我的建议，并收回了之前的抱怨。这种情况要是发生在那些没有刻意培养过孩子的高社交商的家庭中，很可能会引发激烈争吵，最终以互相抱怨而结束。

高社交商表现在解决问题时如何统一双方不同的观点，以及在处理问题时不仅理性而且感性。拥有高社交商的孩子会把自己和家长当作两个不同的个体，会理智面对问题，还会顾及亲情。

所有的"果"都有其"因"。在孩子很小的时候，家长要用心陪伴并随时随地教他们为人处世的思维和方法。

我记得女儿两三岁时，小区里有两个小男孩很喜欢她，总是追着她跑，摸她的小辫子。女儿每次看见他们都会抱怨："妈妈，我不喜欢他们，我们快跑吧！他们很脏，到处乱抓沙子！"

我告诉女儿："美好的事物和漂亮的人，大家总是忍不住去喜欢，这不是由被喜欢的事物和人决定的。如果你看见一朵漂亮的花，我看见一辆好看的车，我们都会喜欢。但是那些不会说话的物体无法表达是否让我们喜欢它呀。"

女儿问:"那我该怎么办呢?我就是不喜欢他们。"

我回答:"你不喜欢他们也没有必要直接说出来,这样会伤害到他们。下次再遇见他们时,你可以说:'我知道你喜欢我,但请不要再摸我的辫子,我不喜欢这样的动作。'"

后来,我们一起出去玩儿时,看见那两个男孩,女儿就提前告诉他们:"不要碰我的辫子,谢谢!我不喜欢。"

上幼儿园和小学时,女儿发现有男同学喜欢她,她总是坦然地告诉我。到了初中,女儿对待被异性喜欢的态度更加明朗,经常像个大人一样说话:"他们要喜欢就喜欢吧,只要不打扰我就行。我现在觉得不拒绝也不表示接受某个人的喜欢是最好的选择,这样既不会伤害他们,也不会给自己制造麻烦。"

在孩子成长的过程中,他们不断面对新的事物和场景,因此家长需要教导他们如何泰然处之。当孩子学会了在不同场合从容自处以及与他人快乐相处的技巧后,他们在学校或集体中就会与他人相处融洽,会感到生活和学习都很快乐,并且真心佩服家长曾经给予他们的社交方面的有效指导。

从小培养孩子的高社交商还有一个好处:当面对棘手问题时,孩子的思维和最终的处理方法往往与家长一致。这种默契的处事能力有助于维持稳定的亲子关系。即使沟通出现问题,双方也能够迅速找到解决办法,达到快速和解的效果,从而保持家长和孩子之间长期的和谐相处。

1.4 运动：
培养孩子的"运动社交力"

如果家长能够认识到孩子体育锻炼的重要性，并且养成经常陪伴孩子进行锻炼的习惯，不仅能够培养孩子的运动精神，还能在运动中提升他们的社交能力。

每个周末，我都会看到小区里的孩子组成两个车队，在小区内进行比赛。一群小学生组成一个自行车队，而一群幼儿园的小朋友也组成一个车队。大一些的孩子竞争骑行难度，他们骑车从小坡上冲下来，考验他们的胆量；小一些的孩子则竞争骑行速度，他们一圈又一圈地不断挑战自我，这很锻炼孩子的体能。此外，我发现这些孩子的家长基本都是在一旁观看、陪护，很少进行干涉，但小朋友自己玩得很有规则，比赛进行得有条不紊，并且彼此之间相处得也非常融洽。可见，在运动中孩子提高了社交能力，知道如何与小伙伴一起快乐地运动。

在孩子还没有真正对某项运动产生兴趣之前，家长的引导和陪伴是非常重要的。在女儿两岁生日时，我给她买了一辆带辅助轮的自行车。然而，当时小区里骑车的孩子并不多，所以我们决定在她上一年级的时候再开始教她骑车。我们先拆掉一个辅助轮，只留下三个轮子，等到她熟练掌握骑行技巧之后，再拆掉另一个辅助轮，从而让她学会骑两轮自行车。

有一次，我看到一位爸爸在陪孩子练习骑自行车。他只用右手扶着孩子的后脖颈，而左手则一直闲着。当自行车快要倒下时，他也不去帮助孩子。起初，我觉得这位爸爸很冷酷无情，但是很快我就意识到这样做非常有效。不到一个小时，那个孩子就骑得很好了。

回到家后，我也决定效仿那位爸爸的做法，并鼓励女儿挑战两轮骑行。我把她的自行车上保留的辅助轮拆掉，只留下两个轮子。尽管我知道这样会让她更加困难，但我相信只有经过这样的挑战，她才能真正掌握骑车的技巧。

"妈妈，我害怕，我怕摔倒。"女儿看着自行车说，"我再骑一段时间三个轮子的自行车，然后再拆掉这个轮子行吗？"

"不行，我们试试扶后脖颈的方法。我相信你很快就能学会。"我坚定地回答。

回想起小时候，我的平衡能力不好，学自行车的方法也不对，花了半个学期才学会。现在，孩子年纪还小，他们的平衡能力相对较好，而且对自行车并不陌生，只是从"骑四轮车"改成骑两轮车，只要适应了、习惯了，就能轻松自如。

果然，那天女儿不到20分钟就学会了骑两轮自行车，这引来了不少惊叹和羡慕的眼光。从那以后，我和先生每个周末轮流骑自行车陪孩子去附近练习。到了第二年春天，我们就可以骑着自行车去六环边上的小公园踏青、赏桃花了。

在得知女儿四年级体育要全区统考后，我也是用心训练了她一段时间。三年级暑假，女儿决心把游泳学好，所以一有空就去游泳。尽管孩子每次游完第二天眼睛又红又肿，而且身上发痒，但坚强的女儿依然不放弃，于是我连续20多天每天带她去游泳。那一段时间，孩子的体能明显增加，从一开始只能在50米泳池游一个来回，到后来能连续游四五个来回。女儿有这样的体力，在四年级开学后才能接受更严格的体育项目训练。

开学后一周，学校就进行了体育测试。女儿除了跳绳还可以，50米跑则需要9秒多，仰卧起坐也只能做10个左右。自从三年级下学期亲子跳绳比赛失利后，我们一起锻炼过跳绳，她一般一分钟都维持在160个左右。所以，每天放学回家后，她只隔天练习一下跳绳。我发现，女儿的50米跑步动作不规范：喜欢昂着头跑步，并且没有一开始就冲刺的势头。我建议她改掉这两点。果然，在区统测的前一周学校体育测试中，她就能跑到8秒多了。至于仰卧起坐，我俩每天晚上睡觉之前都会练习，有时做三组，有时做两组。虽然是一分钟，女儿每次都做到"精疲力竭"还咬牙坚持。仰卧起坐连续练习了20多天，女儿就能做到一分钟40多个了（满分成绩）。

除了教跳绳、跳远、跑步、仰卧起坐，家长还可以教授骑行、轮滑等运动项目。有些家长甚至能教孩子游泳。只要有家长的陪伴，孩子都有勇气去学习这些运动项目。而且，通过家长的指导和陪伴，孩子能够和家长共同参与运动项目的学习与练习过程，这成为宝贵的亲子时光，可以给双方留下深刻的印象。此外，当孩子学习运动项目时，他们也学会了如何与同龄人竞争以及对待比赛的本领，这是在课本上无法学到的"运动社交技巧"。

1.5 阅读：
培养孩子的"文化社交力"

阅读是一个好习惯，喜欢阅读的孩子更爱思考，主动学习能力也会更强。学好语文，阅读是最直接的途径。语文的学习，常常跟阅读的深度、广度，以及因为阅读而形成的思维习惯都有关系。成长中，阅读是最厚实的沉淀，书籍也会陪伴孩子一生。

我让女儿从小就在户外自由成长，直到上小学一年级才开始有意培养她的阅读习惯。那段时间，她最爱读的书是《贝贝熊系列故事》绘本。

这套绘本以独立的故事形式呈现，文字介绍优美动人。每个故事都从起因开始，接着描述那件事情或现象对小熊们的不良影响，然后熊妈妈想办法挽救损失，最后两个小家伙和小熊爸爸都改正了错误。

小时候，女儿一去超市就想要这要那，每次买一大堆没用的东西，回家后连包装都不拆开就直接扔在一旁。于是，我就参照那套绘本中熊妈妈的方法，让孩子事先写下最想购买的两样东西。如果女儿买完东西后仍然不想离开超市，我会开玩笑地问她：

"是不是也要像书上说的那样,没满足你的愿望就满地打滚、又哭又闹啊?"

"我才不要呢!那样做多丢人啊!"女儿想起书中的画面,不屑地撇了撇嘴,心甘情愿地随我离开了超市。

阅读让我不禁感激:它教会了孩子在公共场合要注意的礼仪规范,让孩子明白哪些行为是不可取的。

女儿在小学时期生长缓慢,她常常担心自己以后的身高会很矮小。于是,我向她提起《绿山墙的安妮》这本书。我问女儿是否记得小说中的主人公安妮小时候也很矮小且满脸雀斑,但后来她发生了什么变化。女儿回忆起安妮的转变,满怀信心地回答:"我要像安妮一样在户外多运动,像她一样勤奋地做家务,我相信我将来一定会长高,而且越来越漂亮。"

有时候,由于孩子年龄较小,生活经验有限,他们可能会在现实生活中看到某个人的变化,却无法理解其中的原因。这时,家长可以通过引导孩子阅读相关图书来帮助他们理解。虽然小说中的人物可能没有现实中的人那么真实,但他们对孩子的影响是巨大的。这就好像孩子通过阅读看到另一个自己。他们会与书中的人物交流、比较并进行模仿,从而获得对未来的信心,因为他们知道自己可以成为一个怎样的人。因此,阅读过的图书中的人物形象潜移默化地影响了孩子的社交力。

平时我和女儿聊天时,我总是笑着问她最喜欢《红楼梦》中的哪个人物。女儿每次都笑着说:"我最喜欢王熙凤。"阅读了六七遍《红楼梦》之后,我回想起来,自己竟然从未真正喜欢过王熙凤这个角色。当我问女儿为什么喜欢她时,她回答:"我喜欢她的霸气!"如果我没有想起王熙凤害死尤二姐这一情节的话，我想我会喜欢她的。于是，我对女儿说："你忘了吗？她害死了尤二姐。"

"那是尤二姐自作自受！"女儿说这句话时语气异常坚定。尽管我和女儿对许多图书中的人物和情节有不同的看法和评价，但阅读过的图书一直为我们提供了无尽的共同话题，我从不担心和孩子无话可谈。

表面上，阅读似乎是孩子在输入信息，但实际上，这不仅需要输入内容，还需要与书中的人物进行交流，学习他人的长处，弥补自身的不足。这个"输入—输出"的过程很好地培养了孩子静默无言的社交力。当孩子在青春期对外界产生逆反情绪，不愿与他人交流或接触外物时，阅读可以成为很好的出口，让他们尽情宣泄内心的情绪。另外，家长和孩子一起阅读过的图书会成为彼此终身的美好回忆。当孩子遇到挫折或不愉快时，他们可能会拿起曾经和家长一起读过的书，去书中寻找答案和勇气。

阅读能够给孩子带来无价的人生必要"文化社交力"。因此，家长应该帮助孩子从小学会利用这个工具，培养他们的阅读习惯和兴趣。

1.6 旅行：
培养孩子的"视野社交力"

小学阶段一共有 12 个寒暑假，有些家长非常重视这些长假的旅游安排，认为孩子在每次旅行中都能获得丰富的体验。逐渐地，六年后孩子的眼界和性格将发生显著的变化。

一般来说，长假期尤其是暑假，我都会带女儿去一些远的地方。在女儿一年级的暑假，我们选择了去泰国北部旅行。我们没有选择去海边游玩，而是希望能够深入当地，真实地了解泰国居民的生活现状。

那次旅行，我们去了清迈的大象园。因为是第一次出国旅行，又是第一次近距离接触大象，我和女儿都感到非常紧张。但是，在那里的工作人员和导游都非常友善和耐心地教我们如何与大象交流、给大象投喂、与大象合影，以及给大象洗澡。对于那些胆小的游客，工作人员甚至把给大象冲澡的水突然泼向他们，这引得在场的人尖叫连连，非常开心。

在大象园，女儿可以和大象一起玩耍、嬉戏。第三天，我们去了夜间动物园。女儿深深地感受到了人与动物和谐相处的美好氛围。当我们进入夜间动物园时,下着小雨,几只可爱的小梅花鹿主动走到女儿身边。它们并不害怕,乖乖地站在路边让女儿抚摸,还大口大口地吃着女儿喂的青菜,女儿也像老朋友一样微笑地看着它们。后来我们去了长颈鹿餐厅用餐,院子里面有三只长颈鹿。女儿兴奋地给它们喂青菜,长颈鹿并没有争抢,从容地吃着,并注视着女儿。吃完饭后,我们坐着游览车边走边喂小动物,它们也都非常有礼貌,从容地吃着游客手里的食物。

虽然那次旅行只经历了 16 天,但几个六七岁的孩子学到了许多技能。她们学会了问路和点早餐,坐车和吃快餐时学会了付账,购物时学会了砍价,去书店时学会了挑选图书。她们还学会了独立打理衣物、洗头洗澡,并决定每天的零花钱用来购买什么。那次旅行也给女儿提供了丰富的学习机会:她的独立能力得到了充分锻炼,与人的交往能力、与动物的交往能力以及英语交流能力皆有所提高。

在小学阶段,还有许多短假期,比如元旦、清明节、劳动节和端午节等。在这些时候,我们通常带着孩子在北京周边游玩。最长的一次旅行是清明节去河北看望奶奶,其他时候我会为女儿约上她喜欢的伙伴一起出游。

旅游中蕴含着许多学问:规划路线、查找攻略、乘车坐船、吃饭住店等，这些都能锻炼孩子的处事能力、计算能力；旅途中的见闻和归家后的内心感悟，如果能够记录下来，也能有效提高孩子的写作能力；无论是顺利还是不顺的事情，友好的人还是不太友好的人，都能帮助孩子磨合性格，使孩子学会宽容和接纳不同的人和事。

在小学阶段，家长一定要抽出时间带孩子到各地走走。我认为，这比参加培训班或各种夏令营更有意义。我通常会安排寒假重点看望双方的老人，给亲戚们拜年，联络亲情；暑假时，由于先生没有时间陪女儿旅游，我会与其他妈妈一起带孩子进行长途旅行。和其他孩子一起旅游，她们需要共同居住、亲密相处十几天，难免会出现各种状况和误会，或者出现几个人意见不一致的情况，她们必须自行解决，大人不插手。这种长途旅行对于培养孩子的"视野社交力"是一个宝贵的机会，也是让她们互相学习和成长的好时机。

1.7 "非干涉型"教育：
帮孩子度过社交低频期

有一段时间，我每天都陪孩子观看电视剧《小谢尔顿》，并从中领悟到一个教育道理：对于特殊儿童或特殊时期的孩子，家长应该采取"非干涉型"教育。

小学生有时会因为一些意外情况而导致他们无法正常上学，只能选择居家学习。孩子在家学习了一段时间后，最初满怀期待和兴奋的情绪逐渐转变为抵触和焦虑。而家长也因此困扰了一段时间，开始变得心浮气躁甚至忧虑起来。

此时，家长和孩子可以一起阅读同一本书，追同一部电视剧或者一起看电影，这样不仅可以增加与孩子聊天的话题，也可以进一步培养感情，一箭双雕。此外，如果孩子感到学习疲惫或对目前的学习方式产生厌倦，家长可以鼓励他们在晚上与好朋友视频聊天。由于无法外出，没有同龄人在身边，孩子会感到孤单。家长有时候并不能深入了解孩子的焦虑，让他们与好伙伴交流可以帮助缓解负面情绪；孩子们互相鼓励也有助于提高学习热情和改善生活状态。

在这种特殊时期，明智的家长会选择"非干涉型"教育：平时躲在孩子看不见的地方，当孩子需要自己时，家长又能及时出现；陪伴孩子时，家长不再过多询问；当孩子想表达自己时，家长只需观察孩子的表情就能了解他们的意思；在孩子学习时，家长知道适时闭嘴，不再说教。

当不得不整天与孩子待在一起时，家长如何更好地进行"非干涉型"教育呢？首先，尽量给孩子一个独立的空间，最好能够分房睡觉和用餐；其次，保证孩子充足的睡眠时间，不要以自律为由让他们早起；再次，在学业方面，适当放宽要求，只要孩子能够完成老师布置的任务即可；此外，允许孩子适度地视频聊天，以舒缓内心的压抑感。

同样的道理，在孩子青春期到来之际，家长应该有充分的心理准备：孩子是先成长后成才，家长不应只关注学习成绩的优秀与否，而忽视孩子成长过程中的不适应。对于青少年时期的孩子，家长要相信他们具备自我管理能力，即使有时候他们的表现不尽如人意，也要让他们去尝试去做。只有放手让孩子锻炼，他们才能成长。至于学习成绩，家长需要巧妙地激发孩子的内驱力，让他们愿意主动去学习和前进，而不是被家长推着向前走。

2

创造良好的社交环境，从小宝宝做起

在婴幼儿时期（0~3岁），孩子实际上是需要相对稳定的户外活动小伙伴的，也需要家长帮他们寻找固定的户外社交对象。这样，他们在相对稳定的社交环境里成长会更从容、快乐。

2.1 固定的户外活动伙伴：
稳定的社交环境，使婴幼儿更欢愉

女儿出生后，我爸妈从湖南来北京帮助照顾她。那时，家里人多热闹，女儿能够在家里待得住。然而，春节过后，老人想回家乡了。先生忙于生意，留下我一个人照顾女儿。作为一个没有育儿经验的人，我抱着一个五六个月大的孩子感到焦虑不安。女儿也因为家里突然变得安静而感到烦躁，经常哭闹不止。

有一天，我看到窗外有妈妈推着婴儿车散步，于是我带着女儿走出去与她们聊天。我听说她们每天都会带孩子去户外活动，而且有一群妈妈每天带着五六个孩子在固定时间段出去。看着那些带着孩子有说有笑的妈妈，我感到非常愧疚：我一直把女儿困在家里，没有给她外出活动的机会，也没有帮她结交朋友，难怪她会那么容易哭闹呢！

从那天起，我决定每天上午 8 点多带女儿去户外活动，10 点多回家。吃完母乳后，女儿会睡几个小时，下午醒来后继续去户外活动，一直持续到下午 5 点多才回家。女儿和其他七八个小朋友一起出去，每个人都坐在自己的婴儿车里。孩子们头上戴着帽子或者用车棚遮住小脑袋。虽然他们坐得不是很直，但彼此之间能互相看到，并且表情都像大人一样：他们会专注地盯着对方，有时候还会露出灿烂的笑容。尽管孩子们坐在婴儿车里视线不好，看自己家长费劲，看周围的景物也有限，但他们可以看到其他车里的小朋友，而且他们都是差不多大的小人儿。对于婴儿来说，他们有自己的世界，有固定的伙伴一起去户外活动，大家都不困也不哭闹。玩两个小时左右，孩子们觉得累了，这时回家休息一下正合适，同时也给家长提供了一些时间来处理家务。

下午，孩子出去户外活动的时间一般在两三点钟。这个时候，北京的春天太阳暖和，风也较小。孩子们坐在自己的婴儿车里，互相看着对方。如果大人给某个小朋友照相，其他小朋友也会对着镜头笑，逗引着"摄像者"来拍自己。这或许就是婴儿世界里初步的社交吧！

自从我带女儿参加固定时间、固定伙伴的户外活动后，她的脾气变好了，笑容也变得更加灿烂了，生活也

点评

家长不要因为孩子小、身体柔弱，就认为他们不能经受太阳晒、不能见风，从而将他们关在家里养育。经过实战之后，我发现孩子确实有着婴儿社交的需求。他们不能总是只面对家里人，缺少自己的成长伙伴。户外活动不仅可以给孩子带来乐趣和锻炼身体的机会，还能促进他们与其他孩子之间的交流，这样也有利于他们发展社交能力。因此，家长应该尽量为孩子创造机会去户外活动，并与他们一起享受这段宝贵的时光。

变得规律起来。看到女儿越来越健壮，先生都忍不住夸赞我说："看来你带孩子还蛮有一套的嘛！"母亲看到我把女儿带得有规律，打电话告诉我："想要让孩子养得结实，就得让她多在外面晒太阳。"其实，我觉得女儿有了固定的户外活动时间和她自己的社交空间后，带孩子并没有想象中那么累了。

育儿小妙招

（1）让孩子保持合理的户外活动时间

从婴幼儿时期开始，可以每天让婴儿在天气好、阳光充足的时候进行两个小时左右的户外活动。随着孩子年龄的增长，可以逐渐延长户外活动时间，直到上幼儿园前，一般让孩子一天在户外待六个小时左右是比较理想的状态。

（2）在给孩子安排户外活动时，要保持一定的灵活性

不要为了迎合邻居家孩子的需求而改变自家孩子的生活习惯。无论何时在户外玩耍，也不论与谁一起，如果发现孩子已经在婴儿车里睡着了，家长应立即将孩子带回家中，让孩子在床上好好休息。随着时间的推移，孩子会逐渐形成固定的户外活动时间段，无须过于刻意要求。

(3)为孩子找到婴幼儿时期的固定社交伙伴非常重要

家长尽量选择小区内固定住户的孩子作为孩子的伙伴,可以从孩子婴幼儿时期就开始有意识地帮助他们建立良好的社区固定成长伙伴关系。这样,当孩子稍大一些时,他们就不会因为小伙伴不断搬离、不断失去好朋友而感到失落。

2.2 越早参加户外活动越好：
多为孩子创造社交机会

我们小区有一个家庭，爸爸是一名海军，妻子生产后，特意休假在家照顾母女俩。这位爸爸非常勤快，每天早上妻子喂完奶后，他就推着孩子刘依依出门，在小区里散步，直到快吃午饭时才回家。那时依依才刚满月，可能是因为我之前没有让女儿那么小就出门的经验，我开始担心：这个小家伙能否经受住风吹日晒的考验，这么小的孩子出门活动会不会生病呢？

然而，这位海军爸爸坚持了三个月：每天都早早出门、中午归家，推着依依的婴儿车在外面活动。令人惊讶的是，依依不仅没有生病，反而长得非常健壮，还能和那些比她大半年多的孩子一起玩耍。记得有一次，依依六个月大的时候，她妈妈组织小区里的六个小朋友一起去海洋馆参观。其他一岁多的孩子都累得在回来的路上昏昏欲睡，只有依依一直精力充沛地观望车窗外的风景。直到依依上幼儿园之前，我都没有发现这位海军爸爸带孩子的方式有任何问题。

女儿小时候有个好朋友叫圆圆，这个小姑娘两岁前是爷爷奶奶照顾的。老人带孩子总是担心孩子会受伤或者与其他小朋友发生矛盾，所以他们总是带着孩子去较远的地方散步，不让孩子与周围的小朋友一起玩。当圆圆看到我女儿和小伙伴在小区广场上追逐嬉闹时，她非常羡慕。我看到圆圆想加入小伙伴却害羞不敢上前，于是主动劝她过去玩。然而，圆圆的奶奶一把将孙女拉到身后，紧张地说："没事，没事，她不喜欢玩，我们就在这里看着她们玩就好。"我为圆圆担忧了一段时间，但后来发现她的看护人换成了妈妈。据说爷爷奶奶已经回老家了。

"我女儿现在变得胆小怕事，都是因为爷爷奶奶过于担心，过度保护她，不让她出门。如果早点像你女儿那样，让她和其他孩子一起玩耍，或许就不会变成这样了。我要再不亲自照顾孩子，以后她上幼儿园都会成问题。不敢和小朋友交往，怎么能适应幼儿园生活啊？"圆圆妈妈意识到女儿错过了太多宝贵的户外活动时间，非常后悔。于是，她决定辞掉工作成为全职妈妈，全心全意地照顾孩子。经过她的精心

点评

在孩子没有上幼儿园之前，家长应该鼓励他们多与社区里的小朋友一起玩耍。经常在一起玩耍的孩子更容易建立起彼此之间的信任和默契，了解如何与他人相处以及合作。如果长辈们从小就很少让孩子接触户外活动，或者要等到一两岁才开始带孩子外出，那么他们的社交起点就会比其他孩子晚很多。在孩子入园之前，如果他们没有掌握足够的社交技巧和与同伴合作的能力，那么孩子进入幼儿园后可能会变得害羞或不合群。

调教，圆圆从三岁开始就变得能言善辩，而且在穿着打扮方面也展现出了自己的主见。后来，圆圆顺利上了幼儿园，没有遇到任何困难。

育儿小妙招

（1）婴幼儿应该尽量多在户外玩耍和交友

孩子需要经常在户外活动，即使还是小婴儿也不例外。家长不应该限制孩子与同龄孩子交往，而应鼓励他们一起玩耍，不要怕出现矛盾和发生冲突。这样的小摩擦经历得多了，慢慢他们就会适应了。

（2）婴幼儿并不像我们想象中那样脆弱

有句俗话，"孩子见风长"。家长应该将孩子视为拥有正常承受能力、能够经受住阳光雨露的"精灵"。尤其是孩子在吃母乳期间，他们的抵抗力很强，很少会因为参加户外活动生病的。

（3）从出生开始，孩子就不是孤立的存在

孩子一出生就拥有属于自己的磁场，即婴幼儿的磁场。只要能够适应并融入这个磁场，他们就能够健康成长。

2.3 一起游泳：
有助于共同战胜"恐惧情绪"

女儿八个月大的时候，北京的天气已经很暖和了。小区里有七八个孩子常常一起玩耍，其中依依比我家女儿小半岁。依依的家长有着比较先进的育儿观，依依的母亲认为孩子应该游泳，于是她买了一个婴儿游泳桶，邀请我们这些大孩子一起去她家游泳。

那个游泳桶又圆又深，但直径较小，每次只能让一个孩子游。我带女儿去过一趟，依依游完后，桶里的水感觉不太热乎了，但她妈妈没有重新换热水，就叫我女儿接着游。我把女儿放进去，她没有看到依依游过，又是一个人进到游泳桶，感到有些害怕。而且，当时水也变凉了，孩子不愿意动，只是静静地待在那里。我觉得不好意思让别人加热水，就没有勉强女儿继续游下去。

几天后，隔壁楼的一个妈妈也买了一个游泳桶，带到我家让我女儿和她的儿子一起游。由于桶太小，一个孩子游几分钟后就抱起来用浴巾包着，另一个孩子再去游，这样两个人可以轮流游。这次女儿是看到了同伴游过之后再下水，所以她没有那么紧张和不情愿了。她自己在水中游得很开心，看到小伙伴在水里也很兴奋，一直开心地笑着。

那天孩子游泳之后，先生回家时发现游泳桶里差不多有一吨水。他说孩子在家游泳太浪费水了，没有必要，可以等长大了再去学游泳，以后别再邀请小朋友来家里游泳了。之后，我们小区就没有认识的小朋友来我家里游泳了。

当小区的几个孩子差不多一岁的时候，我们几个妈妈组织小区的孩子一起去亦庄婴儿游泳馆游了一次。那次女儿玩得非常开心，带领她游泳的小姐姐一边教她游泳，一边唱《我有一头小毛驴》，把女儿逗得手舞足蹈。

看着女儿游泳时的愉快和兴奋的

点评

事实上，婴儿天生具备游泳的能力，家长不应该因为怕麻烦或者用成人的思维去看待婴儿游泳这件事，找各种理由放弃让孩子学习游泳的机会。在母体中，婴儿一直处于液体环境中，因此他们天生就具备游泳的技巧。然而，一旦他们从母体中分离出来，如果不经常接触水，就会失去这种天生的游泳本能。

让多个婴儿一起游泳可以很好地锻炼他们的胆量，这是一种最原始的社交培养方式，适用于婴幼儿时期。通过与其他孩表情，我当时就决定在孩子的婴幼儿时期一定要多带她去游泳。然而，一同前去的其他几位没有在家游过泳的小伙伴都不愿意下水。一个亲戚对我说，这么小的孩子学什么游泳，大了再去学，什么泳姿都容易学会。其他的妈妈跟我们去了一趟后，看到自家的孩子没有下泳池，也觉得没有必要让孩子从小练习游泳。最后，去婴儿泳池的游泳活动也没有坚持下来。

子一起游泳，他们可以学会分享、合作和相互交流，这对于发展他们未来的"社交力"非常重要。

因此，作为家长，我们应该给婴儿提供游泳的环境，不要嫌麻烦或者担心孩子游不好。在确保安全的前提下，为他们提供适合的游泳场地，让他们在水中自由畅游，这对他们的身体发育和整体成长都会产生积极的影响。

育儿小妙招

（1）未满周岁的孩子可以在家里游泳，但游泳装备必须优良

对于婴儿在家里游泳，家长应该选择质量好的游泳桶和游泳衣。由于年轻家长缺乏经验，应该先观看相关的婴儿游泳教学视频,并牢记游泳时需要注意的相关事项。

(2)一岁以后,孩子可以到婴幼儿游泳馆进行游泳活动

在前往游泳馆之前,家长应该事先考察,找到正规且有丰富经验的游泳馆。如果孩子在不正规的场所游泳,他们将无法得到有效的指导和保护。在孩子游泳时,最好有一个家长专门陪同、看护,这样可以避免意外发生。另外,最好是几个孩子一起去游,这样他们既不会感到孤单,又能够培养他们的胆量。毕竟,模仿是孩子最强大的力量之一。

(3)在照顾婴幼儿游泳的过程中,不能将这项工作交给隔代长辈

一方面,老人通常会溺爱孩子,因为担心孩子受累而减少他们下水的机会。另一方面,老人的体力和精力有限,遇到突发情况时处理不当可能会增加婴幼儿游泳的风险。

2.4 常去同伴家串门：
培养孩子独立相处的能力

女儿七八个月大的时候，一位经常和我们一同带孩子户外散步的妈妈突然邀请我们第二天下午去她家和她女儿雨晨玩。她说，天气炎热，下午烈日下在小区玩耍会晒伤孩子的皮肤，而在家里玩晒不着，又可以相互陪伴。我当时想：这么小的孩子能玩什么、能有什么互动呢？

第二天，女儿午睡醒来后，我给她穿上纸尿裤，拿着她的水杯，然后抱着她去了雨晨家。雨晨妈妈见我们到了，就把我领到主卧。当我把女儿放在她们家的地板上时，雨晨妈妈立刻把我拉出主卧，说让两个小孩子自己在房间里玩，我们可以在客厅聊天。我看到主卧的地板上铺着儿童爬行地垫，家具都贴了护角垫，床上没有吊蚊帐，四周也没有其他危险物品。鉴于女儿当时已经能够稳稳地坐着，并具备不错的爬行能力，我就同意了她的安排。

我把女儿放在地板上，她爬到雨晨身边坐下来，静静地观看雨晨玩智力玩具。女儿坐了一会儿后准备爬走，这时雨晨立即递给她一个塑料摇铃。我看到女儿坐下，看了看雨晨和玩具，犹豫了几秒钟后接过了玩具。那天的气温在30摄氏度左右，户外活动显然不适合。如果将孩子圈养在家里，他们可能会变得烦躁不安。那天下午，这两个只穿着纸尿裤和背心兜兜的小孩子，在没有大人看护和干预的情况下，居然在房间里玩了两个多小时。他们没有争抢玩具、打架或感到苦恼。这件事令我非常惊讶：原来孩子这么小就可以进行社交互动了！

从那时起，在天气恶劣的日子里，我经常会带着女儿去小区里同龄小朋友家串门。这不仅打发了她不能外出活动的无聊时光，还培养了孩子一些初级社交技巧。

点评

当孩子能够坐稳时，就可以开始进行串门活动了。这样他们可以自己坐在小伙伴身边，一起玩玩具。如果在别人家做客时，家长一直抱着孩子，那么孩子可能会缺乏主动感和参与感。因此，不如在他们能够独立坐稳之后，将他们放在一个安全的环境中，让他们自由地玩耍。

让孩子进行串门活动有助于培养他们的独立相处能力，并培养起初步的"和谐社交"理念。同时，他们也能体验到和同龄小伙伴一起自由玩耍的乐趣，从而自然而然地爱上社交。

> **育儿小妙招**

（1）家长应该选择在午睡后的时间段去小伙伴家串门

因为全职带孩子的家长通常会非常忙碌，尤其是上午，她们需要洗孩子的衣物、准备午饭等，没有多余的精力来接待其他小朋友。而孩子午睡起床之后那段时间，妈妈会比较轻松，本来也是每天都预留出这段时间陪孩子去户外的，因天气不好无法外出的话，在家里接待孩子的小伙伴也一样。

（2）想带孩子去小伙伴家玩时，家长尽量不要主动提出

每个家庭都有自己的生活规律和各种不便。如果别人发出邀请，就证明他们有足够的条件安排好孩子。但如果别人没有发出邀请，我们可以在天气条件不好的时候创造机会，主动邀请小朋友来自己家玩。

（3）到小伙伴家玩耍的时间不宜过长

到小伙伴家串门的时间一般应该与孩子的户外活动时间相同，这样可以避免打乱主人家的日常生活或搅乱他家孩子的作息习惯。收到没有负担的邀请，又能有一个愉快的结果，主人家通常就喜欢这样的访客。因此，作为会做客的小朋友，经常可以得到邀请，并学会更多的社交礼仪。

2.5 一起爬行：
充分发挥学习、模仿的作用

大哥家的孩子比我女儿大四岁，所以我很喜欢听嫂子讲育儿经验。她常说，三翻、六爬，尤其是早训练孩子爬行非常重要，这是孩子早期的运动，对他们将来保持身体平衡和培养运动能力都有很大的帮助。女儿上了初中后，参加学校运动会 800 米比赛常常拿奖，她也非常喜欢参加各种体育活动，这与我在她小时候刻意训练她爬行不无关系。

当女儿满五个月时，嫂子来北京学习，我就向她请教如何教孩子爬行。嫂子示范了一遍——她先拿起孩子的左手，往前放一点，再拿起孩子的右手也往前放一点，然后跑到孩子身后用双手推她的小脚。嫂子用手掌顶着孩子的脚掌，一前一后地轻轻用力推，推一下又帮孩子把双手往前移动一点。我按照这个方法训练了女儿一段时间，并不是刻意训练，只是在女儿开心的时候练习。女儿六个月大时，在小区里同龄的宝宝中，她是爬行最好的一个。我们一群妈妈经常把孩子放在一起比赛爬行。有的孩子不会爬，家长就请我带着女儿去他家教孩子。

憨憨比我女儿小二十天，他不爱爬，不管其他孩子在他周围怎么爬，他都无动于衷。我用训练女儿的方法教憨憨爬行，他不哭也不闹，只是一直盯着看我女儿爬。我当时就觉得憨憨肯定受到小伙伴的影响，想爬，却不知道怎么发力。于是，我建议让憨憨妈妈用一个床单把他前胸包起来，床单两端放在他的背后。家长拎着孩子后背的床单，让孩子腾空，这样他就会手脚乱划，多练习几次之后，再把他放在地上，他就会知道手脚应该怎样移动了。那天下午，女儿一直在憨憨家的儿童地垫上爬来爬去。憨憨很羡慕地模仿着，慢慢地他就会往前爬了。当天我们离开憨憨家的时候，他竟然爬得比我女儿还快。

点评

孩子不会爬行，并不是因为他们真的学不会，而是家长懒惰，没有好好教导他们。当孩子刚开始学习爬行时，一个人练习会很枯燥。如果将几个孩子放在一起练习，他们可以一个接一个地比赛爬行，这样会激发他们的学习兴趣，并且效率也会更高。同时，这还有助于孩子在运动中建立社交联系。

育儿小妙招

（1）家长应该尽早开始训练孩子爬行，而不是顺其自然

通过爬行，可以培养孩子的身体平衡能力和手脚协调能力，这些能力对于他们未来的站立和行走至关重要。

相比之下，那些在婴儿时期没有经过爬行训练的孩子，长大后可能会面临运动方面的困难。

（2）家长不应该因为担心地上有细菌而限制孩子的爬行

事实上，婴幼儿的免疫系统会在爬行时接触外界环境而不断增强。当孩子进入幼儿园后，他们更能够适应环境的变化，减少频繁生病的可能性。

（3）在孩子练习爬行期间，家长最好在家里铺上厚实的儿童爬行地垫

这样可以提供更安全的保护，防止孩子在练习爬行时意外受伤。此外，家长还应该确保家具的边缘和四角得到妥善处理，以免宝宝碰到锐利的家具边缘和四角造成伤害。

2.6 一起学走路：
磨炼意志，培养孩子的社交能力

孩子大概十个月大时，似乎特别渴望站起来。然而，有些家长在孩子刚能坐稳的时候就开始给他们使用学步车，起初孩子在里面坐着，然后在八九个月大的时候，他们慢慢尝试依靠车的滑行来移动。我认为这样做不科学，因为孩子太小了，腿部还没有力量，这样过早地诱导他们学行走，可能会有损他们的腿部肌肉发育。

当女儿学会爬行后，我把所有房间都铺上了儿童爬行垫。有一段时间，她一直靠着爬行进出每个房间。直到女儿一岁生日时，她为了拿到一个放在柜子上的玩具，突然站了起来。在发现孩子这种无意识的站立动作后，我意识到可以开始训练她学走路了。

在女儿刚开始学走路的时候，我也效仿其他家长的做法，给她买了学步带。训练女儿走路时，我先将学步带固定在她胸前，然后拉着绳子跟在她后面。第一次练习走路时，女儿对身边的各种东西都很好奇，东转转、西瞧瞧。我在她身后控制学步带的松紧程度，让她一直拉着我走。但第二天回到家时，我发现女儿的前胸勒红了一大片，非常心疼，于是决定不再使用这种方法。

经过一天的走路练习后，女儿已经习惯了到处走动。于是，第二天带她去小区练习走路时，我只能半弓着腰，双手扶着她的两只胳膊，跟在她后面不停地走动。经过这一天的折磨，我觉得孩子学走路这一关太难了，不知道她何时才能学会走路。第三天出去时，雨晨的妈妈听说我女儿会走路了，也要训练训练她家的孩子。于是，我们让两个孩子并排在前面走，妈妈跟在后面，双手掐着孩子的腋下。当孩子走得比较稳定时，我们偶尔松开手，等他们快要摔倒时又赶紧过去扶住。这样练习了一天之后，两个宝宝的兴致都很高涨，也没有摔倒。接着小区里其他同龄的小朋友也来参加了走路训练，没过几个星期，这些小朋友都学会了走路。

点评

一起学习走路的孩子，他们的身高相近，没有压迫感，因此他们都愿意尝试走路。孩子天生爱模仿，他们会观察其他小伙伴的行走方式，并且渴望自己也能走起来。在学习走路的过程中，尽管孩子们不会开口说话，但他们其实是有交流的。他们时刻盯着那些和自己一样摇摇晃晃的同伴，似乎就在那一刻明白了要勇敢面对挑战。当看到别人摔倒了没有哭并且接着走的时候，他们也知道自己不能轻易放弃。

> **育儿小妙招**

（1）家长教孩子学走路时，最好不要过度依赖工具

如果孩子能够爬行，多让他们爬行有助于提高四肢协调能力，也对大脑发育有益。当孩子学走路时，家长最好亲自搀扶他们，而不是依赖各种工具。这样有利于培养孩子与家长之间的亲密感，同时也能保护孩子的身体健康。只有让孩子觉得学走路是一件有趣的事情，而不是令人痛苦的经历，他们才会积极去学习。

（2）家长不要急于让孩子比其他同龄伙伴早学会走路

其实，孩子早晚都能学会走路，所以家长不应该在孩子还不会走的时候给他们使用学步车。孩子早于同龄伙伴会走路，不能展示出孩子比其他人更聪明，也不能显示出家长比其他家人更会照顾孩子。对于孩子来说，跳过爬行直接学会走路是不利于孩子成长的。

（3）家长应该积极地给孩子找一起学走路的同伴

孩子练习走路时，家长最好在小区里寻找同龄的小伙伴跟他一起练习。这种机会对于幼儿来说很难得，既可以锻炼孩子的意志力，又可以培养孩子的社交能力。

2.7 一起玩沙子：
培养孩子的合作精神

我们小区里像女儿那么大的孩子，学会走路后，几乎没到两个月就把小区里的每个角落都探索遍了，而且很快就对总是在小区溜达感到厌倦了。他们渴望着能够外出玩耍。只要家长带着孩子去超市、市场或者在小区大门外坐摇摆车，孩子总是异常兴奋。

有一天，比女儿大三个月的乐乐向她妈妈提议去商场儿童乐园玩沙子，她妈妈立即答应了孩子，并说服我们一起去。由于乐乐妈妈曾经养育过老大，她在育儿方面经验丰富，我们都乐于倾听她的建议。

"瑶瑶妈，我们一起去吧！让孩子在沙坑里玩沙子非常好，他们可以发挥自己的想象力，用沙子堆出各种形状的东西。而且，孩子在沙坑里玩耍也能坐得住。"乐乐妈妈看到我不太愿意去，不停地劝我。我一想到那脏兮兮的沙坑，里面到处都是孩子和大人走来走去的情景，就皱起眉头，心里有些担忧：太脏了，里面的细菌容易感染孩子，还可能引发疾病。

"乐乐妈，我主要担心商场是一个封闭的环境，空气不好，而且沙子也不干净。"我犹豫着说出了自己的顾虑。

"别担心，孩子并不像你想的那么娇气。他们一起玩得很开心，而且学学合作也有助于培养社交能力。"乐乐妈妈自信地说道，并习惯性地推了推眼镜。我和另一位在场的妈妈随即决定跟着她们一起去附近的一家商场玩沙子。

果然，孩子一到商场就很兴奋，但当他们进入沙坑后，立刻安静下来。他们开始用勺子、铲子、小桶等工具玩耍起来，很快便欢快地合作起来。尽管有些孩子说话还不完整，但也能够咿咿呀呀地表达自己的意愿。几个小时过去了，居然没有一个孩子闹着要回家或者感到疲倦。

在那之后，越来越多的孩子加入玩沙子的队伍。于是，家长们凑钱买了一堆沙子回来，放在小区里相对安静和安全的地方。在孩子户外活动时，我们会相约着一起过来玩沙子。有些孩子合作得很好，轮流使用铲子等工具；有个别孩子偶尔会争抢东西，这时家长会把他抱离沙坑，让他远远地看着，

点评

孩子们一起玩沙子，不仅可以锻炼他们的自控力和培养合作精神，还能让他们更多地接触大自然。这样的经历能够增强他们的抵抗力，使他们更不容易生病。可以说，玩沙子对孩子的身心发展有着多方面的益处。因此，家长可以尽量为孩子创造玩沙子的机会，让他们在快乐中成长，在成长中学会更多的社交技巧。

直到孩子意识到自己不应该争抢东西才会被允许重新加入玩沙游戏。这个大沙坑真的是孩子培养社交能力的好场所。后来，孩子们上了幼儿园后，很少与同学发生争抢东西的状况，因为他们已经懂得了合作和轮流玩东西的重要性。

育儿小妙招

（1）当孩子能够坐稳时，家长就可以考虑让他们去玩相对干净的沙子

如果女孩要去公共场所的沙坑玩耍，一定不能穿开裆的运动裤。这样既能保持干净卫生，又可避免细小的沙子进入私密处。

（2）小区邻居可以集资购买一些正规厂家销售的专门供孩子玩耍的沙子

孩子们一起在公共场所玩沙子比独自在家里玩更有趣。与小伙伴们一起玩，有利于提高孩子的交际能力、动手能力、想象力和合作能力。

（3）家长要给孩子提供一个自由玩沙子的空间

当孩子在玩沙子的时候，家长最好离得远一些，不要时刻打扰或指挥孩子。这样做会打断孩子的思维，干扰专注力，同时也容易使孩子产生依赖性，难以融入其他孩子的游戏队伍中。

2.8 一同进餐：
初步尝试分享，并有利于学说话

孩子小时候，尤其是一岁以内，睡眠时间很长。因此，妈妈可以利用这段时间去准备午餐和晚餐。然而，随着孩子的成长，他们的睡眠时间逐渐减少，玩耍的时间变得越来越长，留给妈妈准备丰盛午餐的时间也越来越少。此外，孩子长大后需要戒掉母乳，适量加入奶粉，此时正餐就成为他们主要的营养来源，这就需要妈妈为孩子准备合适的午餐。

"我们让孩子一起吃午餐吧。大家轮流，一天在一家吃，这样大人也能轻松一些，孩子也会更有意思。" 5月的一天，厨艺出众的邻居圆圆妈提出了这个建议，"明天先到我家吃吧，你们玩到11点半再上楼。"

我听了圆圆妈的提议感到很吃惊，接着开始质疑，最后甚至有点恐惧。我在南方山区长大，一座山下基本就一户人家，不太了解孩子可以去邻居家吃"百家饭"。

第二天，看到其他妈妈都愿意尝试，我就跟四位妈妈一起前往圆圆家。进门后，我发现圆桌上没有摆放任何食物，所有的正餐都放在矮茶几上。圆圆妈看到我一脸疑惑，赶忙解释道："坐在矮桌子上吃饭，孩子够得着，不容易摔倒，更安全。"

那天的午餐除了有适合孩子食用的冷餐食物外，还有饺子、油焖大虾、糖醋排骨等。当时圆圆已经一岁三个月了，比我女儿大一个多月。她已经习惯了用手抓饭菜，看见饺子时，她立刻抓起一个放进自己的嘴里。女儿看到好朋友用手抓饺子，也跟着学起来。一边抓饺子，她还一边叫："哎哟哟，烫、烫、烫死我了！"说完这句话后，她迅速将饺子塞进嘴里。我在旁边看得非常激动：这孩子怎么会说出这样的话？那语气和声音听起来就像个成熟的大人一样，好像一个妈妈去拿刚出锅的包子被烫着了一样。

从在圆圆家吃了第一顿"百家饭"开始，女儿就发现了独立进食的乐趣，不再依赖我们的喂食。而且，她在圆圆家吃饭时发现其他小朋友不会独占食物，等小朋友到了我家吃饭时，她也不再独占食物了。这是我从未预料到的，因为她过去总是会保护自己的

点评

学会走路的孩子虽然还不会说话，但已经可以一起进餐了。孩子们之间的交流通常不需要语言，而是通过表情和动作来传达信息。

当孩子想吃什么或者不喜欢吃什么的时候，会用"咿呀咿呀"的方式表达出来。大人把各种食物摆放在一起，让孩子自由选择。他们不需要别人递过来，而是自己去拿想吃的食物，而且吃得非常享受。这样的用餐方式不仅提高了孩子的自主性和独立性，也促进了他们的社交能力发展。

食物,不让其他人碰。

> **育儿小·妙招**
>
> **(1)当让孩子一起进餐时,家长要给予他们充分的自由**
>
> 不要干预孩子选择自己喜欢的食物,也不要抢着喂孩子,否则,他们会丧失进餐的积极性。孩子去别人家吃过午饭之后,无论是否吃饱,回家后都不要再吃正餐。否则,他们会产生一种依赖心理:别人家吃个热闹,没吃饱回家可以再吃。这样,孩子以后就不会珍惜在别人家吃饭的机会,不能好好与小朋友一起进餐,无法收获吃"百家饭"的益处。
>
> **(2)当邀请小伙伴来自己家进餐时,应给孩子提供健康食品**
>
> 家长切记不要提供膨化、油炸或不利于幼儿消化的食物,也不要提供碳酸饮料。孩子集中进餐时,最容易模仿他人的行为。因此,餐桌上的饮品应该只有牛奶和白开水。
>
> **(3)家长最好让孩子带自己的水壶去聚餐**
>
> 带孩子去邻居家进餐时,家长最好像往常带他们在户外活动一样,带上自己的水壶。这样,他们在用餐渴了时,就可以随时喝水,非常方便。

2.9 参加集体活动：
让孩子初步懂得遵守规则

女儿小时候偏爱清淡的食物，尤其是蒸出来的食物。当时，有一个快餐品牌"真功夫"的菜品很合她的胃口，因此我们成了该品牌的黄金会员。

有一天，我们收到了那个品牌的邀请，去通州的一个门店参加活动。和我们一同接到邀请函的还有小区里一个比女儿大三个月的好朋友西西。两个小女孩第一次参加这样的大型活动，都非常兴奋。在活动中，比赛传递东西时，西西和女儿被分到了一组。之前在小区里一起玩时，西西一直被奶奶灌输着一种理念：瑶瑶比你小，你要事事让着她。

活动开始时，我和西西的妈妈只能站在家长警戒线以外等待，即使孩子摔倒也不能上前去扶。女儿看到妈妈不在身边，感到很紧张；而西西却拉着她的手，似乎在安慰她。那时女儿还不到一岁半，走路还算利落，但跑步还不太稳；而西西已经快两岁了，跑步能力相对较好。当裁判老师一声哨响后，几个小朋友就开始拿着指定的东西往前冲。女儿走得慢，但东西拿得稳；西西不仅跑得快，而且东西也没有掉地上。其他几个小朋友不是摔跤就是把东西掉地上，相继失去了比赛资格。这时，我终于松了一口气：只剩两个孩子冲刺了，无论是女儿还是西西，谁拿冠军都一样。

然而，裁判老师说："唉，小朋友，你是第二个到达终点的，不能站冠军的位置。"然后他把我女儿拉到西西后面站着。

"叔叔，没事的，她可以站第一，因为她比我小，我让着她，我们是好朋友。"西西一看小伙伴要哭了，主动出来跟裁判老师解释。

"她、她让我站的，叔叔。"女儿一听到这话，更加理直气壮了。

"那也不行，比赛就是比赛，要遵守规则！"裁判老师不听孩子的解释，最终还是把西西拉到第一的位置站着。我远远地望去，见女儿并没有不高兴，只是一脸困惑。我仔细想了想：她应该是第一次听到"规则"这个词，不理解它的含义。以前在小区一起玩耍时，无论发生什么事，西西总是让着女儿。我想西西可能已经习

> **点评**
>
> 如果孩子没有在上幼儿园之前参加过一些机构活动，他们可能会一直以为所有的比赛都会像自己在小区玩耍时一样，在家长的"谦让"下进行。他们甚至还会认为，未来的生活中，年龄大的孩子总是要让着年龄小的孩子，无须讲规则。家长要在条件允许的情况下，尽量带孩子参加一些大型机构的友谊赛事，以便尽早培养孩子的"规则"意识。

惯了"让",而女儿也习惯了"被让"。

经过那次活动之后,女儿终于明白了什么是"规则",以及如何遵守规则;而西西也知道了"让别人的限度",知道了自己并不需要总让着别人。

> **育儿小妙招**
>
> **(1)让孩子在上幼儿园之前参加一些机构的活动**
>
> 参加这些活动,有利于孩子在不排斥的地方学到规则,并且会试着去遵守规则。以后他们进到幼儿园、小学,会比较容易懂得遵守、敬畏园规和校规。
>
> **(2)当孩子参加活动时,家长不应该干预机构老师执行规则**
>
> 不要让孩子认为可以"破例",也不要让他们依赖家长去争取不正当的权利。通过严格执行活动规则,孩子会自然而然地学会遵守规则,认识到不能有特殊待遇。
>
> **(3)如果孩子被执行规则的工作人员淘汰,家长不要急于与孩子讲道理**
>
> 先让孩子自己好好想想,冷静下来,回家路上,再与孩子一起分析活动中出现的情况,然后教导孩子以后要遵守规则。

2.10 亲近动物：
培养孩子的亲善性、同理心

女儿一岁半的时候，说话利落了、走路也稳健了。那年春天，我们家附近新开了一个叫"南海子"的湿地公园，于是小区同龄小伙伴的妈妈就相约去那里遛娃。

那时，南海子湿地公园还没有完全建好，但麋鹿苑是开放的，所以我们可以自己带食物去喂动物。在进入麋鹿苑之前，我们在公园内为孩子购买了允许喂食麋鹿和孔雀等的胡萝卜、白菜和玉米卷。刚进入苑内，一只漂亮的大孔雀迎面而来，围着小朋友走来走去。由于孔雀与孩子的身高差不多，没有危险感，于是孩子纷纷上前喂它。西西妈妈经验丰富，她立即拿出一大包一尺多长的玉米卷给每个孩子发一根，让他们自己喂孔雀。那玉米卷十分松脆，孔雀一口就能啄下一大块儿。看见漂亮的孔雀吃了自己手中的东西，西西高兴得跳了起来；女儿看见好朋友的玉米卷被孔雀吃了，很羡慕，也大着胆子凑到孔雀跟前去喂。一群小伙伴六个人有四个都喂了孔雀，然后她们退后让那两个不敢喂的小朋友去喂。孩子从小一起玩，到自己有意识要团队合作时，就自然而然地想到要鼓励同伴了。

当孔雀吃饱后满意地离开时，孩子们都很高兴，开始吵着要去喂麋鹿。几个妈妈领着孩子们到了麋鹿多的地方，把胡萝卜和白菜拿出来，让孩子们去喂。虽然我对麋鹿有些害怕，但还是拉住女儿的手，让她自己去尝试。胆大的西西和雨晨毫不犹豫地拿出妈妈塞给自己的胡萝卜喂给麋鹿。看见麋鹿高兴地吃了胡萝卜，她们兴奋得又跳又叫。受到她们的感染，女儿也挣脱了我的手，学着她们的样子喂起麋鹿来。

这次经历让孩子们体会到了喂养动物的快乐，也培养了他们的探索精神和团队合作的意识。

那天孩子们在南海子湿地公园还喂了野马。说实话，如果不是西西妈妈鼓励，我都不敢带女儿走近马圈：普通的马那么温顺，我都害怕，更何况这还是野马。

"没事的，瑶瑶妈，马圈栅栏的木头这么粗，它们不会出来的，你就放心让孩子喂吧！不行就把整颗白菜扔给它们。"西西妈妈以前去过南海

点评

无论如何，在孩子很小的时候就带他们去喂动物，对他们的成长来说，是一件非常有益的事情：这可以让她们关注到比自己弱小的动物，同时也可以鼓励他们培养勇气、亲近自然以及培养同理心。

子湿地公园,看样子是喂出经验了。我信了她的话,于是把整颗白菜,直接从栅栏上面扔进去,那些马果然都过去啃那颗白菜了。西西看见野马吃了我扔的白菜,很高兴,就回身对我女儿说:"看,野马吃了你妈妈买的白菜,瑶瑶,你也喂喂它们吧!"

"好!"女儿说着从我手里抓过白菜,踮着脚往里扔去。虽然是很小棵的白菜,但孩子怎么有力气扔得那么高啊?我一直好奇地看着女儿,心想:孩子一进到这里,怎么就觉得自己和那些动物一样了呢?平常可是娇生惯养,不自己动手干活的啊。难道看见动物,她就觉得自己比它们大,产生了要照顾它们的想法?也许这时她们才体会到喂养的快乐吧。

育儿小妙招

(1) 家长在安全的环境中可以大胆地让孩子接触小动物

家长应鼓励孩子从小多接触动物,无论是家养动物还是动物园的动物。只要不是近距离接触猛兽类动物,与其他温和的动物接触对孩子都有好处。

(2) 当孩子与动物互动时,家长一定要陪伴在旁

孩子跟动物在一起时,他们意识不到动物突然爆发的情绪,容易被动物所伤,所以这时家长应该守在孩子身边,以防突发的小事故,确保孩子随时都处于安全状态。如果孩子被动物吓到,可能会留下心理阴影,因此要确保孩子安全地与小动物进行互动。

3

让孩子拥有更独立自主的社交空间

上幼儿园以后（3~6岁），孩子开始初步学会怎样与小伙伴交往。这时，家长需要放手，让他们自己去尝试。在这个阶段，孩子不希望家长像以前一样总是去干预他们的社交。

3.1 野餐：
体验主动分享的乐趣

小区里一起长大的小朋友能一起上同一所幼儿园的人不多：有些人选择离家近的公立幼儿园，有些人选择私立幼儿园，还有一些人会选择跨区上幼儿园。女儿要上幼儿园时，由于我们搬离了原来的小区，她无法与之前同小区的伙伴一起上同一所幼儿园，而是进入了一个完全陌生的环境。

我非常担心女儿因为没有固定的玩伴而无法适应新环境，因此努力打听女儿班里孩子的名字。然而，小朋友之间通常只叫小名或英文名，所以，女儿回家后提到的小伙伴的名字让我一时无法与他们的家长对接起来。

开学一周后，我发现女儿班里的衣物柜上贴了每个孩子的名字，于是用心记住了几个名字。当女儿再次提到同学的小名时，我就能知道她说的是谁了。第二天送女儿去幼儿园时，见到我知道名字的小朋友，我就主动跟他的家长打招呼。到了下午接女儿时，我和早上打过招呼的家长开始聊天，互相加了微信。慢慢地，到了国庆节之前，我们几位联系密切的家长建立了一个微信群。

于是，在那个国庆节假期，我们约好带孩子去附近的公园野餐。

那天参加野餐的幼儿园同学有乐乐、子君、小爱等五六个家庭。我们大人坐一桌，孩子们坐一桌。孩子们坐在铺好的野餐垫上，像在幼儿园一样等着大人分餐。家长分别拿出自己准备的食物交给自家孩子，让他们自己去分发给其他小朋友。女儿第一次参加这样的聚会，当她拿到同学给的食物时，总是笑着谢谢他们，并想把食物给我。我鼓励她："没关系，就放在垫子上，等一下和同学们一起吃。你吃不完的食物再给我，我帮你拿着。你也要把你的食物分给其他小朋友哦。"

女儿看到乐乐和小爱都分完了自己家的食物，也开始行动起来。她一边分食物，一边高兴地说："不用客气！不用客气！"因为每个拿到别人分享的食物的孩子都在向对方道谢，所以整个场面非常热闹。孩子们既高兴又彬彬有礼。在进餐时，他们学着大人的样子拿起酸奶碰杯，并结结巴巴地说一些祝福的话。从他们的表现来看，

点评

在幼儿园之外的相聚中，孩子不仅学会了与小伙伴分享食物，也学会了一些集体相处的规则。他们不需要大人在旁边指点，就能够自然地融入小范围的集体生活。这些孩子因为有了几位关系亲密的小伙伴，都开始喜欢上幼儿园了。每天早上，他们不再像刚去幼儿园时那么恋恋不舍地与家长分离。

他们已经摆脱了在幼儿园时的拘谨。

第一次野餐,孩子们收获了不少社交礼仪,而且后来他们在幼儿园相处得非常融洽。因此,第二年春天,我们几个家庭又一起去郊外踏青,去平谷赏了桃花。这次活动进一步加强了孩子们之间的友谊,让他们更加享受在一起的欢乐时光,而且社交能力也得到了更大的提升。

> **育儿小妙招**

（1）当小朋友聚餐时，家长应该把食物给孩子，让孩子自己去分

如果遇到孩子分配不均匀或不想分享的食物，家长不应该横加干涉。否则，孩子可能会对聚会产生厌恶的情绪，以后就很难引导他们来参加这样的活动了。

（2）在聚餐的过程中，家长可以留心观察一下在场所有孩子的表现

通过聚餐，家长可以看看小朋友有哪些优点。回家之后，家长可以选择适当的时机告诉自家孩子，让他们懂得欣赏小伙伴身上的闪光点。

（3）如果孩子在聚餐时发生了矛盾，家长不要当面指责

孩子们在一起久了，发生一些小矛盾在所难免。此时，家长最好将自家孩子带到一边去，跟孩子一起回忆事情的经过，以缓解孩子面临矛盾时的气愤情绪。等到孩子冷静下来后，家长再将他带回集体之中，这样做可以帮助孩子学会处理冲突和解决问题。

3.2 找小伙伴给孩子过生日：
学会当小主人

孩子小的时候，尤其是上幼儿园之前，都是家里的亲戚长辈一起给孩子过生日。然而，到了幼儿园，小朋友都会邀请同学一起庆祝生日。他们可以选择去饭店、快餐店或者邀请同学来自己家里庆生。女儿和她的好朋友过生日时，由于固定的小伙伴有五六位，加上家长的到来，在家里庆祝难免会有些安排不开。因此，我们一般会选择去公园或找一个家长都熟悉的开阔地方。在生日当天，家长会订比萨、买蛋糕，带上家里准备好的干净水果，并用酸奶或牛奶替代碳酸饮料。然后，我们会到公园找个允许的地方铺上野餐垫。

生日仪式开始后，一个垫子孩子坐，一个垫子家长坐。孩子就像在家里过生日一样。家长会给小寿星点上蜡烛，小伙伴给寿星唱生日歌。小寿星许愿后，小伙伴们一起帮他吹蜡烛。然后，由小寿星主持分蛋糕的工作。那帮孩子像小大人一样，先切蛋糕，接着两人合作装盘，然后自己给自己的家长送去蛋糕。最后，他们围坐在一起开始享用盘中的美食。孩子们一起忙碌着、一起吃着，每个人都像是自己过生日一样高兴。在享用完各种美食后，孩子们会在公园里自由玩耍：有的一起跑步，有的一起欣赏花草，也有的被家长拉着拍照留念。与在家里或饭店过生日相比，家长发现让孩子在野外庆生更加有趣。因此，这种方式一直沿用了三年。

女儿的生日是夏天。有一年，我们看天气预报得知那天温度不高，于是几位好朋友的妈妈约好一起去野外给我女儿过生日。作为主人，我们早早地到达那里。先到的小朋友在广场上玩轮滑或骑自行车。有几位小朋友晚了一两个小时才到，结果等女儿吹蜡烛、分蛋糕时，其中两位小朋友忍不住困意睡着了。尽管女儿的生日没有以往那几位小朋友过得热闹，但多年后，女儿仍然对那个炎热夏季的野外生日记忆深刻。

> **点评**
>
> 让孩子邀请小伙伴一起庆祝自己的生日，让他们成为主角和小主人，无论多么内向的孩子都会变得爱说爱笑一些。尤其是在野外庆祝生日，孩子会更加放松，在大自然的环境中释放自己的天性。慢慢地，孩子会变得越来越活泼。

> 育儿小妙招

(1) 给孩子过生日时，家长应该避免攀比的心态

生日聚会，并不是花越多的钱，孩子就会越快乐。庆祝生日的目的是让孩子感受到爱和关心。重要的是，能够与孩子共度美好时光，创造温馨的回忆。

(2) 孩子的生日应尊重孩子的意愿和想法

孩子可以自由选择邀请哪些朋友、在哪里庆祝以及以何种方式庆祝。家长不应强制孩子按照自己的意愿行事，而应给予他们一定的自主权。如果孩子因为不按照自己的意愿庆祝生日而感到不开心，同时其他小朋友也会觉得无趣，这就得不偿失了。

(3) 给孩子过生日时，家长尽量只邀请孩子熟悉的小伙伴

在熟悉的朋友中，孩子通常会更自由自在。因此，在给孩子过生日时，最好不要既邀请同学又邀请亲戚参加，尤其是隔辈亲戚。当其他孩子看到不熟悉的人参加生日聚会时，会感到不自在，可能会玩得不尽兴。慢慢地，他们可能会失去给小伙伴庆生的兴致。

3.3 互相拜访：
学会做客的基本礼仪

孩子在幼儿园，无法学到做客的礼仪，家长可以带孩子去实际生活中体验做客的礼仪。

1. 家长可以创造互相拜访的机会

女儿所在的幼儿园位于离家十几公里的地方。那时候，我和园区附近几位家长关系很好，送完孩子经常不回家，而是一起去给孩子买书、买衣服，然后一起吃饭。所以，我们几位家长因为孩子的缘故变成了好朋友。

我和先生的老家都在京外，节假日女儿没有亲戚可以拜访，我们就带着她去幼儿园好朋友的家中串门。当时去得最多的是乐乐家，他们也跟我们一样，在北京没有亲戚，所以也会在端午节或中秋节来我家做客。

女儿去乐乐家很高兴，她可以参观乐乐的书房，借阅乐乐的绘本。记得女儿第一次看《法布尔昆虫记》就是在乐乐家。那时，乐乐先给我女儿讲绘本里的情节，等她有了兴趣再拿出绘本给她读。乐乐是位"小书虫",那时候他已经读完了《西游记》《三国演义》。女儿很崇拜乐乐,愿意跟他学阅读,也十分珍惜去他家做客的机会。在做客礼仪方面,我提前教给孩子,她很愿意学。在乐乐家做客时,女儿表现得十分乖巧又有礼貌,不像以前在外婆家那么随意。

2. 到小伙伴家里去做客

女儿跟隔壁楼的邻居点点关系很好,点点的弟弟出生不久,她妈妈便带着弟弟去了外婆家。因此,我们经常接点点来家里玩、吃饭。点点妈妈回京后,特意挑了一天孩子的爸爸和爷爷都不在家的时候,邀请我和女儿去吃饭。在之前的相处中,女儿知道点点妈妈比较严肃,讲规矩,所以我提前给女儿讲了一些礼仪:去小伙伴家做客,出门前得先打扮好自己,并且知道一些访客礼仪,比如进门前要先敲门,见到对方家长主动问好等。在小伙伴家吃饭时,她也知道了一些进餐礼仪,比如大人没有动筷子之前不能先吃;吃饭时要坐端正;不能随便下桌;要一只手拿筷子,一只手

> **点评**
>
> 当孩子去亲戚家做客时,由于亲情关系的存在,大人通常对孩子的礼仪要求不会过于严格,也不会过分关注孩子的仪容仪表。因此,孩子在这种情况下学不到太多的做客礼仪。
>
> 然而,如果孩子被邀请去小伙伴家做客,他们可能会将这次拜访看成特别重要的事情,并意识到必须重视做客礼仪。因为孩子明白,如果他们不遵守适当的礼仪规范,可能会失去以后再次被邀请去做客的机会。

扶着碗。如果长辈给自己夹菜，要道谢。此外，她还明白了在吃饭时不能随便说话，想吃的菜可以请离那道菜最近的大人帮忙夹给自己，并说声"谢谢"。

然而，社交礼仪是随时变化的，即使是我这个自认为社交方面比较专业的家长也没有想到会出现这样的情况。那天，女儿一进门，点点妈就说："瑶瑶，阿姨今天给你包香菇油菜馅儿饺子吃好吗？"女儿当时在换拖鞋，点点走过来拉着她说："我不爱吃饺子，瑶瑶，你呢？"

"我也不爱吃、吃饺子，阿姨。"

"好吧！你们两个今天都说不爱吃饺子，那就一个也不许吃。"说完，点点妈去了厨房。我有点尴尬地在原地愣了一会儿，随后跟着去帮忙。到了吃午饭的时候，点点妈只给我和点点的弟弟端了两碗饺子，没有两个丫头的午餐。

"阿姨，我们怎么没有吃的呀？"女儿小声地问，并向我投来求助的眼神，我假装没看见，继续吃着香喷喷的饺子。

"你们上午说过不吃饺子的，所以没有！"点点妈严肃地说完，自己也开始吃。那两个丫头噘着嘴看着我们吃

> **点评**
>
> 家长在社交场合中扮演着重要角色，他们的言行举止会直接影响到孩子。因此，当发现孩子在社交礼仪方面做得不妥当时，家长应该及时指出来，并给予适当的指导和建议。

完碗里的食物,实在馋得慌,点点和我女儿于是过去跟点点妈道歉。之后,她们才得到一份午餐。

回家后,我跟女儿解释道:"下次去别人家里做客时,不要随便附和小伙伴说得不对的话。如果家长决定用某种食物招待客人,那肯定是他们觉得最好吃的东西,你怎么能随便说自己不喜欢呢?这会伤害到别人的感情。"经过这次教训,女儿在做客时懂得了"客随主便",不再任性,而是更加体贴周到。

育儿·小·妙招

(1)家长可以选择在短暂的假期,安排孩子去拜访亲友

一两天的小假期,家长最好带孩子去拜访一起长大的发小或者幼儿园的同学。这样做有很多好处。首先,孩子可以互相学习各自的优点,从而快速成长。其次,家长也可以吸收别人家优秀的教养方法,取长补短。如果要去邻居家做客,家长可以送孩子过去然后回家,等他们吃完饭再过去接孩子。这样可以让孩子像个小大人一样去做客。而如果是拜访幼儿园同学,家长可以和孩子一起去做客。这样不仅可以让家长更熟悉同学的家长,方便今后交流育儿心得,还可以从这些拜访过、熟悉的家长口中了解孩子在幼儿园的状况,而不是只听老师说。

（2）在准备拜访孩子的小伙伴之前，家长需要做一些准备工作

首先，给孩子准备好合适的服装和礼物。通常情况下，送小伙伴的礼物不需要太贵重，可以是一个小玩具、一本读过的书或一支画笔等。这些礼物可以作为友谊的象征，让孩子在彼此间分享和交流。其次，建议孩子带上自己的专用水壶。这样可以避免主人需要特意为小客人消毒水杯的麻烦，同时也让孩子尽量多喝水、少喝饮料。另外，如果孩子有特别喜欢的玩具和书，并且愿意与小伙伴分享的话，也可以让他们带去小伙伴家。这样，孩子在自由玩耍时可以拥有自己喜欢的玩具，不会因为看到小伙伴有自己喜欢的东西而感到失落。而且，这样的分享也有助于孩子学会在好朋友之间互相交换玩具和图书，培养良好的友谊和分享习惯。

（3）在孩子拜访小伙伴之前，家长应该提前与对方的家长约定好时间

提前约好时间可以避免孩子因为对方临时有事无法接待而感到失落，同时也可以避免给孩子留下大人不讲信用的印象。为了不让对方家长有压力，我们在拜访之前，可以讨论好聚会时让孩子吃什么，如果是包饺子、蒸包子等，我们可以早一点去帮助对方准备；如果是吃冷餐，我们可以在家里烤一些蛋糕、点心带过去。这样做足工作，可以让孩子感受到被重视和尊重，增加他们的仪式感和参与感。通过这样的方式，我们能够让孩子在拜访朋友的过程中更加自信和愉快，同时也可以加强彼此之间的友谊和互动。

（4）家长应该尽量把孩子去拜访小伙伴的时间安排在上午

这样，孩子可以在朋友家吃完午饭后回家午睡，另外，也方便对方休息。如果拜访了小伙伴，孩子们相处不错，要记得热情邀请对方也来自己家玩。让孩子们互相走动，就像大人一样，可以越走越亲，友谊也会越来越深厚。通过这样的方式，孩子不仅可以结交更多的朋友，也可以在彼此的陪伴下共同成长，不会感到孤单。

3.4 一起出游：
寻找志趣相投的伙伴

2013年7月底，我带着四岁多的女儿去大连游玩。同行的是女儿的好朋友乐乐和他妈妈。那次旅行让我们度过了一个星期的愉快时光，女儿和乐乐在一起玩得很高兴。大连作为一个美丽而宁静的海滨城市，给我们留下了深刻的印象。我们希望将来还能有机会再次去到那里，与朋友们共度美好时光。

第一天，我们去了星海广场，那里正在举办啤酒节。出租车师傅热情地推荐我们去星海浴场。女儿玩得很开心，她一会儿在沙滩上玩沙子，一会儿下海游泳。她的兴致很高，直到天色暗下来才不得不离开。晚餐后，我们去了俄罗斯风情街。在那里，我给两个小朋友各买了一个望远镜，他们高兴地拿着望远镜傻笑个不停。第二天早餐后，我们去了老虎滩海洋公园。那里有各种海洋动物，如海豚、海象和海狮等。最精彩的表演是海豚表演，我第一次看到这些聪明可爱的动物，非常激动。训练师们都很帅气，海狮表演也很精彩。孩子看得津津有味，还吵着要去和海豚合影留念。晚餐后，我们去了渔人码头。由于当时正值禁止捕鱼期,那里停放着许多渔船。尽管如此,渔人码头仍然有着宁静而美丽的海景,让人心旷神怡。第三天,我们乘坐地铁前往金石滩。那里的风景非常美丽,而且还有接驳车可以前往浴场和地质公园等地。金石滩的海水非常干净,但我们没有时间下海游泳,因为游完地质公园,就得马上返回市区的酒店。

大连还有一处非常值得去的地方是棒棰岛。特别是进入棒棰岛的路上,路边布置得非常精美,好像有人为了迎接远方的客人而特意安排的一样。可惜的是那天下着小雨,女儿穿着泳衣也没法下水游玩。下午,我们去了东大桥。从那里到燕窝岭的路上有一段木栈道,女儿和同伴们走在木栈道上非常开心。途中我们还看到了一只漂亮的小松鼠,孩子们高兴极了。在燕窝岭公园里,孩子们玩得更加尽兴,一会儿拍照,一会儿奔跑,真是精力充沛。

在旅行的最后一天,考虑到我们娘俩想泡海的心情,同伴们在金沙滩吃过午餐后,又打车去了银沙滩,让我和女儿下海游了半天。

这次大连之行,我们不仅欣赏到

点评

与同龄的小伙伴一起出游,可以让孩子学习对方的优点。例如,有的孩子喜欢阅读,他们可以在火车上一起读书,这有助于培养孩子的阅读兴趣;有的孩子喜欢运动,他们可以鼓励彼此不打车,尽量步行,这样可以锻炼孩子的体能。

孩子一起出游的另一个好处是,他们可以互相学习旅途中的礼仪。他们可以互相提醒不乱扔垃圾、不随便购买小商贩兜售的物品、按时进餐、入乡随俗,并且不挑剔。这样的互动有助于培养孩子讲礼貌和尊重他人的习惯。

了美丽的山水景色，更重要的是乐乐妈在旅行中的细节安排给孩子们带来了很多收获：在火车上，她不仅给孩子们读了《神奇校车》，还一起读了很多绘本；旅行过程中，她会准时让孩子们吃饭；无论走到哪里，她都会提醒孩子们不要乱丢垃圾。

在大连旅行的一周时间里，女儿基本除了睡觉回自己的房间，其他时间都是跟乐乐一起玩。无论是去景点，坐出租车、地铁，还是享用三餐，他们都会商量着来，不会争抢，而且懂得配合大人的行动；无论是爬山还是游园，两个小朋友都兴致勃勃，从不喊苦嫌累，去哪里都是同去同回，没有玩不到一起的时候。我觉得很庆幸：这次真是遇到了志趣相投的游伴，才会游有所获，才会让孩子学到以前难得学到的各种社交礼仪。

育儿小妙招

（1）如果与孩子的小伙伴一起出游，家长需要提前了解对方家长的喜好和能力

一起出游的愉快程度和孩子是否有所收获，与对方家长的决策和习惯密切相关。例如，如果对方家长倾向于享乐主义，那么孩子跟团旅游的可能性较大，他们接受挑战和锻炼的机会就会相对较少。

（2）家长在选择孩子的出游同伴时，需要提前想好要怎样配合团队

既然大家一起出门旅行，小朋友和家长都需要有牺牲精神，不能只考虑个人需求而忽略团队利益，否则大家可能都玩得不尽兴，孩子也没有什么收获和乐趣。

（3）家长要给孩子找他熟悉而且家长之间也很熟识的同伴一起出游

不论何种形式的旅行，在出发之前，家长应该为孩子选择合适的志趣相投的小伙伴一起出游。这样，在漫长的旅行中，孩子才会觉得有趣、开心并有所收获。

3.5 自由玩耍：
学会帮助他人

女儿上幼儿园大班时，还不会跳绳。因小学体育要考跳绳和跑步，我心里非常着急：其他小朋友虽然达不到小学要求的水平，但至少能跳几个；而女儿甚至连怎么摇绳都不会，手脚总是不能同步。我看到那些会跳绳的小朋友很羡慕，就找她们来教女儿，没想到女儿觉得被比下去没面子，不愿意学。后来，我想或许榜样的力量对女儿不管用，就换了方法，专门找了小区里不会跳绳的小女孩一起跳。几个小朋友都不会跳绳，谁也不笑话谁，于是都认真地拿着跳绳，学着我的样子跳，慢慢地，女儿走到哪里学到哪里。

有一天，在等电梯的时候，女儿居然跳了一个完美的动作，平生第一次跳了一次合格的跳绳。女儿发现自己成功之后，兴奋地下楼继续找小朋友一起练，并且告诉其他人自己是怎么跳的。看到女儿能跳过去一两次，小伙伴们都很羡慕，回家就让家长偷偷地教她们。第二天，女儿发现小伙伴比她厉害了，她又问我怎么连续跳，并且一遍又一遍地尝试。跳着跳着，女儿一次能跳十几个了，小伙伴们又开始羡慕她。那段时间里，小区里几个马上要成为小学生的女孩总是比着练习跳绳。到了暑假时，她们都能达到小学生跳绳的标准了。看到女儿练跳绳取得成果之后，我又开始考虑如何锻炼她的跑步能力。

如果说跳绳通常是女孩的专长，那么跑步可以说是大多数男孩天生的本领。小区里有几个小男孩跑步相当快，而且也喜欢跑，但女儿从小不爱和小区里的男孩玩，让她去跟那几个男孩跑步，她总是不愿意。

有一天，我告诉女儿："国庆节时，我们也可以像电视节目里一样设立一些运动项目，小区的小朋友都可以参加比赛，一二三名都有奖品哦，你觉得怎么样？"

"好啊！好啊！我们可以设置一些障碍物，谁先跑到前面就拿奖品。"女儿想起以前看的一档娱乐节目，兴奋地同意了这个主意。

"宝贝，我们小区的女孩子似乎都不太喜欢跑步，你觉得我们邀请一些男孩子参加怎么样？"

> **点评**
>
> 孩子的运动能力是通过不断练习来培养的，无论一开始他们看起来多么笨拙，只要家长坚持带着孩子练习，相信他们终将取得进步和成就。然而，在培养孩子的运动能力时，我们需要给予足够的重视，但也不能急于求成。
>
> 有时候，孩子会意识到男女之间的差异，并不愿意与不熟悉的小伙伴一起玩耍。这时，家长需要运用一些智慧来转移孩子的注意力，帮助他们忽略性别的概念。

"好啊！我有信心跑得比他们快。"看到女儿骄傲的表情，我觉得这计划快要成功了。

从那时起，每当我们在小区里遇到跑步的小男孩，女儿就会主动上前跟他们说比赛的事情。小朋友一听，都充满了斗志，自信地说自己一定能拿冠军。每次遇到这种情况，女儿总是有些不服气，于是我马上鼓励她与那个男孩一决高下，看看自己的实力如何。在我的激将下，小男孩和女儿当场进行了一场赛跑，结果可想而知，女儿输了。但是，通过这次失败，女儿开始意识到自己的劣势，每天都坚持要求我陪她跑几圈。后来，在国庆节期间，我们一家外出旅行，其他小朋友也渐渐不再提起比赛的事情。然而，令我惊喜的是，女儿的50米跑步成绩已经达到了小学生的标准。

育儿小妙招

（1）跳绳不仅要求孩子具备良好的手脚协调能力，还需要掌握一定的技巧

家长可以给孩子示范跳绳的方法，但同时也不能对孩子施加过高的期望，不能将他们与同龄孩子的运动能力进行直接比较，因为每个孩子的运动发展水平都有所不同。有些孩子在幼儿时期可能跳过了爬行的阶段而直接学会走路，这可能导致他们在运动能力方面相对较弱。在这种情况下，家长需要保持耐心，逐步训练孩子。

（2）家长可以在适当的时候，给孩子组建"运动小团队"

为了让孩子在稳定的生活环境中学习运动技能，家长可以考虑为孩子组建一个固定的小团队，让他们在自由玩耍的过程中逐渐学会各种运动项目。这样的环境对于孩子的学习和成长非常有利。另外，将孩子带入与自己运动能力相当的人群中进行练习，不仅可以帮助孩子树立信心，还能让他们保持平和的心态，从而更容易取得进步。

（3）家长要鼓励孩子去帮助比自己运动能力弱的小朋友

孩子学会了一些体育项目后，家长应该鼓励孩子主动去帮助小区里的其他小伙伴。这样做不仅能让孩子获得同伴的尊重和喜爱，还能为他们提供更多的练习机会，进一步提升他们的运动能力。同时，通过帮助他人，孩子还可以巩固自己的知识和技能。

3.6 自由运动：
学会自立、自强

我们小区有一块运动场地，铺着软垫子，但是一直没放上运动器材。所以，小区的大人们经常会带着孩子在那儿打羽毛球。女儿没上小学之前，我们一直住在通州。很多跟我们同期入住的邻居都认识我们。有时候，我和女儿在旁边羡慕地观看他们打羽毛球，邻居就会对女儿说："瑶瑶，也想玩是不是？你来跟小哥哥打一会儿。"女儿高兴地接过邻居的球拍。可能是男孩打过来的球非常好接，女儿一下接住了好几个，兴奋得又跑又跳，嚷嚷着要马上去买阿姨告诉她的儿童羽毛球拍。一个周末，我们一起去买了三个球拍。小朋友的球拍杆子短一些，女儿拿着打球更顺手。从那时起，我和先生只要一有空就带女儿到小区里打球。偶尔我也会把球拍让给小区的孩子玩。虽然有的小朋友接不到几个球，女儿也没有不高兴，还跟他们说："没有关系，玩玩就会了。"有时候，我们也会遇到专门学过羽毛球的孩子，这些孩子跟我女儿打的时候，都会照顾她，基本能让她连续接十几个球。后来，女儿只想跟那几个男孩玩，把我这个"陪练"扔在一边好几个小时。

初中时，女儿所在的学校有羽毛球课，她没接受过专业培训，但在学校也是打得较好的几个选手之一。

女儿小时候我教过她轮滑技巧。我们先去了一家卖轮滑装备的店，看了一节公开课。回家后，我想到滑旱冰是自学的，轮滑的道理应该也差不多。每天开车十几公里去学，还不如自己教，多陪孩子练习。我在小区广场铺了软垫子的地方教她轮滑的基本功，并让她穿着轮滑鞋在那里走了两天。第三天，我扶着她在小路上滑行。我觉得孩子一个人学太孤单，就动员小区里其他同龄孩子的妈妈也给孩子购买轮滑装备，然后我教她们基本功。那些孩子看到我女儿会滑了，都很羡慕，也很努力地练习。那个夏天，小区里有五六个孩子都学会了轮滑，并且他们每晚都在小区里比赛。那时，他们玩的是上坡下坡的轮滑游戏，这锻炼了他们的体能和胆量。轮滑活动在小区里盛行了三四年，没有一个孩子去机构学习，都是跟着大孩子学会的。在女儿的轮滑小集体中，她学会了帮助他人、摔倒后赶紧爬起来以及

点评

对男孩来说，跟着父亲学习打篮球、骑自行车、轮滑，或者游泳、长跑，都是很好的亲子活动，也是锻炼身体的绝佳方式。如果家长除了教导自己的孩子，还能教会小区里其他小朋友，那么不仅可以让自己的孩子锻炼身体，还能够为他们创造良好的社交环境。

女孩的运动能力可能相对较弱，但她们身体灵活，可以和家长一起学习轮滑、骑行、打羽毛球、乒乓球、跳绳等运动，然后组织好朋友一起练习，这样必定能够事半功倍。只要孩子

自立自强。

在北京的一些大型公园门口，经常可以看到教练教孩子高难度的轮滑动作。然而，我们从未想过要让孩子去机构学习轮滑。直到女儿上小学后，学校的才艺班开设了轮滑项目，我才意识到孩子每天背着沉重的轮滑装备往返学校和上下楼梯的辛苦。如果孩子并不打算参加比赛或获得证书，那么何必让他们如此辛苦呢？轮滑本质上是一项娱乐性的体育活动，家长自己就可以教孩子，而孩子之间也可以相互学习和交流。

在上小学之前就让孩子在家长的教导下学会打羽毛球、轮滑等运动项目，不仅可以节省他们的时间和精力，还可以让他们享受运动的乐趣，并且在自由运动中学会自立、自强。

> 从小就喜欢参与体育活动，不怕运动，他们上小学时就会展现出自身的优势，会越来越喜欢体育课，并逐渐变得自信起来。

育儿·小·妙招

（1）家长在教孩子运动项目时，必须将孩子的安全置于首要位置

购买运动装备时，应选择质量优良的产品，切勿为了省钱而购买安全性能差的物品给孩子使用。例如，购买轮滑鞋时，虽然体育用品商场的价格较高，但所售鞋子采用优质材料制成，不会伤害脚部，并且鞋子较重，稳定性较强，不会像质量差的轮滑鞋那样轻飘飘的，可以避免孩子摔倒。

（2）家长带孩子练习时，应教导正确的方法，而非苛责他们

要以保护孩子的运动兴趣为主要目标。只要孩子对运动项目有兴趣，并且家长愿意花时间陪伴他们练习，孩子就能够学会。

（3）并非所有的运动项目都需要去培训机构学习

像打羽毛球、轮滑这类只需简单掌握技巧的运动，无须花费大量时间让孩子前往培训机构学习。这些原本就是简单的运动项目，让孩子因为参加培训班而感到疲惫不堪是得不偿失的。一旦孩子掌握了相关技能之后，家长应鼓励他们经常与小朋友一起练习和比赛。这样，孩子在运动中能够培养自强自立的品质，并可以通过反复锻炼来强健体魄。

3.7 采摘、爬山：
让孩子学会互相鼓励

对幼儿园的小朋友来说，在班里或园里有纪律约束，加上他们在老师面前比较拘谨，一般不太可能很好地表达出对别人的关心或鼓励。想要孩子在这方面做得越来越好，家长应该尽量多带他们去户外采摘或爬山。

1. 采摘的快乐

女儿上幼儿园中班的第二个学期，正值金秋收获季节。有一天，女儿告诉我："妈妈，老师说明天带我们去采摘，家长也可以去，但是很多小朋友都说家长不让她们参加。"听了女儿的诉说后，我特意发信息问了那几位不参加的小朋友的妈妈，她们的意思是孩子太小，去采摘也摘不到什么东西，没有太大意义。过度劝说别人不太合适，但我非常期待第二天的采摘活动。

虽然小时候我在农村待过，但那是第一次在北京参加大型采摘活动，所以我不知道该准备什么。结果到了幼儿园才意识到：忘了给孩子带铲子，也没带装物品的大袋子。后来，女儿的好朋友紫曦借给了我们一把塑料铲子，小爱的妈妈则送了一个大袋子给我们。

在挖花生的时候，我先用手拔花生苗，没有拔出来的花生就由女儿用铲子来挖。挖红薯时，我先用手去挖能看到的部分（那里事先有农夫用犁把红薯差不多都翻出来了），女儿拿着铲子在后面挖红薯埋得深的部分。有了铲子，女儿非常开心。每收获一样东西，她都会举起来给附近的小伙伴看："紫曦，你看呀！我用你家的铲子又挖出一个大红薯，这个铲子太神奇了！""瑶瑶，你真厉害！"紫曦在旁边夸奖好朋友，其他的小朋友也跟着欢呼。那些小家伙并没有因为采摘不到什么东西或是劳动太辛苦而抱怨。他们看到谁挖到了东西就会跟着一起兴奋，然后自己努力去挖，试图找到东西。

掰玉米的时候，因为我们花生和红薯收获不多，农场主特意给我们这个班的孩子一块没有被采摘过的玉米地。那里的玉米又多又嫩，多亏有小爱妈妈送给我们的大袋子，我才能毫无顾忌地摘那么多玉米。女儿看到自

> **点评**
>
> 在孩子年幼时，家长应尽量多让他们参加集体活动，而不是仅仅关注表面的收获。在集体活动中，特别是在户外环境中，孩子能够学到的东西远远超过坐在教室里学习所获得的知识。参与采摘活动时，孩子不仅可以体验到劳动带来的喜悦，还能得到提高社交能力的机会。

己喜欢的玉米非常兴奋,一边拎着袋子帮我装,一边说:"真应该谢谢小爱,她妈妈给我们这么大的袋子,以后我就不跟她抢东西了,也不会让她哭了……"听着女儿的话,我觉得采摘活动真是一举多得。

2. 一群孩子去爬山

女儿上幼儿园大班时,我们几个相熟的妈妈约好"五一"假期一起去平谷爬丫髻山。孩子们虽然已经在一起玩了多次,但参加爬山这种消耗体力的活动,还是第一次。当我们一行人来到山脚下,有一个小朋友直接就说肚子疼,不爬了。其实大人们都看得出来他是装的,但也不想拆穿他。

"小峰,我们比比,看谁先爬到那个白塔那里。"女儿走到小伙伴身边挑衅地说,"你要比我快,我就给你好吃的。"

"我才不爬呢,我肚子疼。"小峰迅速瞥了一眼远处那座塔,

点评

孩子和同学一起去爬山,相较于单独和家长爬山,这种经历有着更多的好处。

首先,他们可以相互激励,参与竞争,一起拼尽全力往上攀登。这样的比拼不仅可以增加孩子的自信心,还能培养他们的竞争意识和团队精神。

其次,与同学一起爬山也给了孩子学习旅行礼仪的机会。在旅途中,他们会面对不同的情境和人群,学会尊重他人、礼让他人,并且懂得处理与人沟通的技巧。这些社交力的培养对于孩子今后的人生道路非常重要,无论是在学校还是在社交场合中都会受益匪浅。

不屑一顾地说，"谁稀罕你的好吃的。"

"小峰，我们一起爬，谁不爬谁是小狗。"小爱见好朋友瑶瑶劝说失败，拉着乐乐一起对小峰说。

"是啊，谁不敢爬山，谁就是小狗，汪、汪、汪，哈哈。"乐乐、小爱和我女儿一起笑起来。

"爬就爬，你们以为我真不敢呐？"于是，四个小朋友一起笑着往山上冲去。爬到一半时，小爱和小峰落在了后面，女儿和乐乐就找了个地方吃水果，等着他们的小伙伴。当四个小朋友聚齐的时候，他们又欢快地继续往上爬。最终，每个小朋友都成功登顶，没有一个是靠家长拉着或背着上去的。

育儿小妙招

（1）幼儿园里的户外实践活动机会，家长要鼓励孩子多多参与

孩子与小伙伴们一起出去采摘或爬山时，没有了老师看管的拘束，更容易展现出真实的天性和个性。这样的环境让孩子更亲近彼此，促进了积极的交流，培养了新的友谊。家长应该珍惜这些机会，不要因为一些外在原因而不让孩子参与，让他们失去宝贵的"社交力"培养机会。

（2）家长应注意引导孩子互相鼓励、共同进退

在这些户外活动中，家长要协助孩子一起完成目标，不能说孩子想放弃，就答应他们的请求。如果孩子不愿听家长的劝告，可以请同行的小伙伴出面鼓励，然后一起行动。一旦孩子养成了这些良好的品质，无论他们将来在哪，都能与别人相处融洽。

（3）家长应该尽量为孩子创造更多的社交机会

家长不应只关注孩子的日常生活需求，也不能只注重智力培养。当孩子进入小学和初中后，那些具有良好社交能力的孩子往往学习起来更加轻松自如。因此，家长应该在孩子的早期阶段就注重培养他们的社交技巧。

3.8 参加植树活动：
培养劳动价值观和环保意识

在女儿还没上小学之前，我们小区举办了许多活动：植树节去植树，端午节包粽子，"五一"假期化彩妆，暑假则让小朋友当报童（义卖收入用于公益事业）。

在植树节那天，小区物业安排了两辆大巴车，将孩子和家长带到北京郊区的植树区。我们每人都收到了太阳帽、铁锹、水桶和树苗，还有专人教我们如何种树。当时参加植树活动的小区有很多，但和我们一个小区的只有两位小妹妹：沫沫和妞妞。女儿学着成年人的样子，在我挖好土坑之后，和我一起放入带土的树苗，然后帮我扶住树苗。我往坑里填土，女儿

> **点评**
>
> 第一次参加集体劳动，孩子可能还太小，不太清楚具体的意义。但随着参与这种活动的次数增加，他们会逐渐培养出较强的环保意识。而且，在未来的某一天，植树这样的活动可能会对他们产生触动，并让他们明白植树的真正意义。因为在他们

跳上去把土踩实，最后我们一起取水给树苗浇上。

沫沫和妞妞两家的树苗种好后，她们过来高兴地看我们种树。她们一会儿帮着挖土，一会儿帮着浇水，三个人玩得很开心。在大人的建议下，孩子给自己的小树取了名字，并写上了各自的树名。之后，三个孩子还给她们的小树林取了一个昵称：姐妹林。三姐妹在自己的小树前一会儿拍照留念，一会儿嬉笑打闹，直到小区工作人员要求大家离场，这三位"环保小天使"才依依不舍地离开植树区，并约好以后还要经常来看看自己种下的小树。

那是我们小区的孩子第一次参加大型劳动活动，也是女儿第一次参加植树节。在大人们的教导下，孩子们不仅了解了植树的意义，还感受到了劳动带来的喜悦。这次经历对孩子来说不仅是一次非常有意义的教育体验，而且也是提高社交能力的难得机会。

> 还年幼时，家长曾多次陪伴他们一起参与植树活动。

> **育儿小妙招**

（1）在条件允许的情况下，家长亲自带孩子去植树是一举多得的好事

这不仅能够陪伴孩子，还能让孩子有机会与家长一起参与集体劳动。更重要的是，孩子能够体验到劳动的价值，以及植树对大自然的意义。

（2）家长带孩子植树不能仅仅停留在形式上

植树过程中，家长应该带领孩子一起参与劳动，让孩子亲身体验其中的乐趣和意义。只有让孩子真正参与劳动，才能让他们深刻感受到劳动的价值。

（3）参加植树这种大型活动时，家长应提前了解哪些熟悉的小伙伴也会参加

在植树的过程中，孩子们有伴儿，干活会更有动力和激情。特别是在特殊劳动中，孩子们之间的互动和交流，更有助于提升他们的社交能力。

3.9 参加公益活动：
培养善心和勇气

女儿从小就对金钱没有太多概念，这或许与她不太喜欢自己去超市购物，旅行时也不喜欢购买小商品有关。在她五岁的时候，我们小区和《新京报》联合举办了一次义卖活动，邀请孩子们担任一天的报童，并将所得收入用于公益事业。我觉得这是一个绝佳的机会，既可以让女儿体验卖报所需的勇气，也能在她心中种下"善"的种子。

卖报那天，北京下了一天中雨。在风雨交加中卖报纸，对孩子也是一种考验。最初，女儿拿到《新京报》工作人员发的五份报纸后迅速冲进商场，见人就迎上去，拿出报纸结结巴巴地说："阿、阿姨，买、买份报纸吧！这、这钱是给、给山区的小朋友买学习用品的。"女儿鼓起勇气说完这一番话，那些女士总是毫不吝啬地掏钱买下报纸。遇到那些身材高大的叔叔，女儿会有些害羞，说到一半就不说了，总拉我去说："妈妈，您说，您跟叔叔说。"

我蹲下来，看着女儿说："宝贝，你看那边是不是我们小区四号楼的子默？她已经第二次卖报纸了，她可不会拉家长去跟顾客交流哦！"我指着子默所在的方向给女儿看，并说道："你仔细观察一下，她是怎样与顾客交谈的。"

女儿默默地注视着小伙伴，眼中既有羡慕又有崇拜。后来，她也变得勇敢果断起来：一有人走过来，她就大胆地去介绍报纸，无论别人是否购买，她都微笑着道谢。

虽然女儿第一次拿到的报纸很快就卖完了，但是在第二次领取了报纸之后，情况并不如她所预期的那样顺利。商场里突然出现了许多小报童，导致人们购买报纸的热情有所降低。当再次遇到推销者时，他们并没有像之前那样表现出好奇和热情。此外，超市是商场里潜在顾客最多的场所，却禁止小报童进入，除非家长持有该超市的会员卡。这下把女儿难住了：每次领取五份报纸，每份售价一元，她已经上交了第一笔五元钱，工作人员还夸奖她做得很好；第二次领的五份报纸怎么就一张也卖不出去呢？

看到人流拥挤，我立刻鼓励女儿

> **点评**
>
> 一份报纸一元钱，花多少时间才能卖出去一份报纸，孩子自己会刻骨铭心。以后孩子浪费东西时，他自己就会想到"这个东西需要多少元钱，这些钱需要卖多少份报纸"，从而明白应该好好珍惜。参加任何形式的义卖都是同样的道理。尽管孩子当时可能对义卖的收入用于公益事业没有什么深刻体会，但随着他们长大，义卖的经历可能会激发他们今后热心于公益事业，而且在得到那么多善良的人的支持之后，他们会更有面对陌生人的勇气。

快速前往三楼，到那些从未见过小报童的商店去尝试销售。女儿和我一起乘坐电梯上楼，她注意到一位二十多岁的叔叔一直盯着她手中的报纸看，于是她不失时机地向他介绍了卖报纸的缘由，并跟随他来到他工作的地方。那是一家理发店，那理发师在即将进入店门的时候对女儿说："小朋友，我买一份报纸吧！为你的勇气点赞！"叔叔递给女儿一元钱时，竖起了大拇指。女儿看着这份突然售出的报纸和那位陌生叔叔的赞扬，非常开心。离开理发店，女儿兴高采烈地继续卖报纸。无论多少人拒绝，她都不气馁，最终成功地打动了一家十字绣商店的老板娘。那位漂亮的阿姨说："小朋友，你太辛苦了，我今天买下你手上所有的报纸来支持你们的公益活动。"女儿听到这番话后，既感动又惊喜，恭敬地将四份报纸交给老板娘，眼中闪烁着胜利和如释重负的光芒。

上初中后，女儿仍然对那次义卖报纸的经历记忆犹新，经常对我说："妈妈，尽管我没有像子默一样卖很多份报纸，但我得到了那么多人的帮助和鼓励，经过那么艰难的努力才卖完十份报纸，并获得10元钱用于帮助别人。我永远感激您带我去参加那次义卖。"

育儿小妙招

（1）家长不要吝惜带孩子参与公益活动，要带孩子去体验不同的人生经历

在孩子还没有上小学之前，在他们还是一张白纸的时候，家长要尽早在他们心中种下"善"的种子。一个善良的人，以后的人生之路会走得很顺。

（2）参加公益活动，家长要舍得放手让孩子独立完成任务

当带孩子去参加义卖活动时，家长不应该代替孩子去推销，因为即使卖出了东西，孩子也无法真正体验到收获的喜悦。如果孩子自己去卖，即使没有成功，也有失败的经历可以回忆，也许在这个过程中，他能感受到来自陌生人的温暖呢。

（3）在陪伴孩子参加义卖活动时，家长要给孩子提供尽量多的情绪价值

当孩子被人拒绝时，家长不要感到难为情，而应该积极主动地启发、鼓励孩子，给予他们勇气，让他们敢于与他人交流，这是培养孩子社交能力难得的实操机会。

3.10 去农村体验生活：
培养吃苦精神和适应能力

从四岁起，女儿每年寒假都会去河北农村奶奶家住一段时间。在那里，女儿有一个比她只小三个月的侄女薇薇。她们在一起的好处是：女儿看到薇薇干活，也会跟着去干；看到薇薇去户外玩耍，她也会跟着去耍。在这些时候，女儿不觉得冷，也不怕脏，更不怕走丢了。

女儿以前从未见过晒干的玉米棒，但到了农村后，她能看到大伯家院子里全是晒得半干的玉米棒。每天晚上，薇薇帮着她的爷爷收玉米棒时，女儿看侄女干活，也跟着去，抱着玉米棒跑来跑去。大人往玉米垛子上扔玉米棒，女儿则帮着把玉米棒从垛子上拿下来，往反方向扔。薇薇见小姑姑"捣蛋"很有趣，也学着她的样子干，这引得旁边干活的大人哈哈大笑。看见大人如此开心，两个小姑娘也很高兴，完全没有在农村干活的苦楚样。

到了暑假，我一般会带孩子回娘家待一段时间。在南方，每天的气温都差不多 30 摄氏度以上，外婆家又没有空调，但女儿照样玩得很开心。在湖南农村住时，有几个亲戚的孩子也放假了，他们和女儿的年龄相仿，大家经常一起出去玩，完全忘记了炎炎夏日的酷热。那时候，孩子们去地里摘瓜，或是在禾场上荡秋千（外公在家门口的一棵大树上挂了一个简易秋千架），这几个孩子连草帽都不戴，顶着太阳就出去，玩得不亦乐乎。

经过在农村艰苦环境中的不断锻炼，后来女儿无论随我到哪旅游，都能适应各种环境。她去哪里都不嫌弃那里的条件差、吃得不好、住得不舒服。她还习惯跟我选择自由行的旅游方式。体能好的时候，我们在旅游地甚至都很少打车，完全步行或者坐公交车出行。在农村锻炼的最大收获还有，女儿去到任何一个陌生地方，不仅不怕跟陌生人打交道，而且还认为他们很亲切。

> **点评**
>
> 寒暑假对于幼儿园的孩子来说是一段漫长而悠闲的假期。由于与同学见面的机会较少（部分家长因工作无法给孩子放长假，仍要求孩子继续上幼儿园），与同小区的小伙伴一起出游也不太容易凑齐人数，因此选择与亲友一起去体验生活，尤其是农村生活，无疑是一个不错的选择。

育儿小妙招

（1）家长应该尽量多带孩子去农村体验生活

家长无须担心孩子是否适应，更不应将怀疑他们不能适应的话语说出口。这样会给孩子心理暗示，让他们产生疑虑：我是不是真的不适应农村生活，不适合艰苦的环境。

（2）当让孩子进行锻炼时，家长自己不应畏惧辛苦和疲劳

在任何时候，家长都应充当孩子的榜样。孩子都能坚持下去，作为家长又怎么能退缩呢？家长要以身作则，迎难而上，做好孩子的表率。

（3）"带孩子去农村体验"这件事要尽量持续时间久一些

带孩子去农村体验生活并不是一两次就能见效的，家长需要坚持下去。只有当孩子真正能够吃苦耐劳，或者由于升入初中学习压力大没有时间去继续体验时，这项活动才可以适当暂停一下，等上了大学再继续。

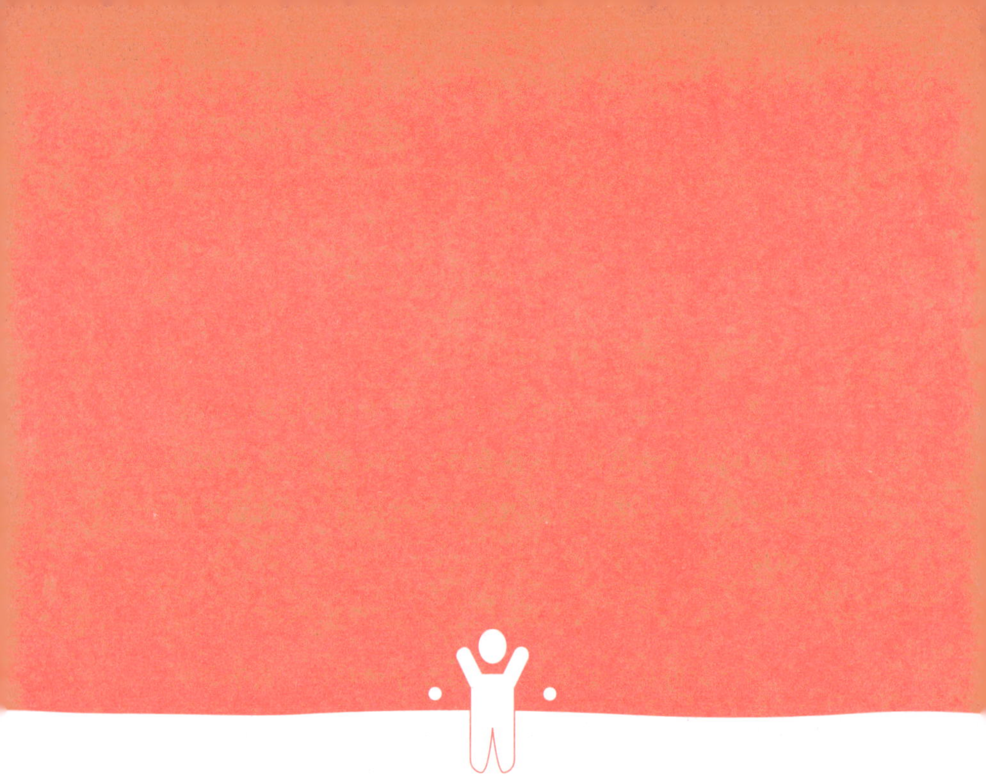

4

帮助孩子在集体中找到自己的位置

上小学时（6~12岁），孩子接触的人多了，社交也开始变得复杂。这时，家长需要帮孩子尽快适应学校生活，并教会他如何与同学和老师相处。经过一段时间的训练和有效帮助后，孩子可以快速地在学校、班级集体里找到自己的价值，从而更喜欢学校生活，更爱上学。

4.1 参加学校的社会实践活动：
认识大自然、主动帮助他人

女儿上一年级后，转学到了丰台的一所小学，而之前她所上的幼儿园是在亦庄。所以，上小学时，女儿来到了一个完全陌生的环境。为了帮助女儿尽快融入班集体，我自荐成为家委会成员。只要学校有活动，我总是积极报名参加。

在一年级的第一学期，学校组织了一次前往北京野生动物园的社会实践活动，而我有幸成为五位陪同志愿者中的一员。班主任将全班分成五组，每位家长负责照看八名学生。在整个游览期间，志愿者需要管理好自己组内学生的纪律，清点上车和下车的人数，还要负责孩子去卫生间或者中午聚餐时的管理。我们不能偏袒自己家的孩子，也不能忽视其他学生的需求。

刚开始的时候，女儿看到我负责照看她所在的组，感到非常兴奋和骄傲，仿佛觉得自己拥有特权一样。然而，她很快就发现，妈妈并没有像以往那样照顾她，甚至经常忽略她的存在。我知道女儿会时刻盯着我，无论我去哪里她都会跟着，绝不会掉队。

女儿看到我经常牵着同学紫娟的手，她觉得不满并生气地去找紫娟理论："这是我的妈妈，为什么总是照顾你？"我赶紧把女儿拉到一边，耐心地向她解释："宝贝，今天我是志愿者，妈妈的任务不只是照顾你一个人。你看，紫娟的妈妈不在家，她没有梳头发，还拿着那么大一把雨伞。你可以帮帮她吗？我知道你力气大，你能帮她背书包吗？"

"妈妈，我可以！"女儿接受了我的委托，充满信心地回答，然后接过紫娟的小背包，愉快地用一个肩膀扛着继续前行。

过了一会儿，同组的小美看到我女儿一直帮助同学拿背包，她也想要别人帮忙，于是发出了这样的请求："蔡宇瑶，我的肩膀好疼啊，你能帮我背书包吗？"

"当然可以！来，拿过来吧，我都背着呢，我一个人能背五个包！"女儿毫不犹豫地又多扛上了一个背包。通过这样的互动和委托，女儿逐渐理解了志愿者的责任和义务，也学会了关心他人、乐于助人的精神。

那天的社会实践活动，女儿真是我的得力助手，她不仅替同学背包、

点评

跟孩子一起参加学校的社会实践活动，不仅可以迅速熟悉孩子的同学，而且孩子会因为家长的参与而感到自豪。在这个过程中，孩子不仅有机会亲近大自然，还能收获不同寻常的友谊。

帮忙拿掉落下来的衣服,还及时告诉我那些学生的名字,这样更便于我照看他们。

二年级时的社会实践活动是,上午去玉渊潭公园赏樱花,下午去中央电视塔观景。由于之前有志愿者经验,加上女儿能够帮忙照顾同学,我负责的那组学生也很配合,所以我们玩得非常愉快。在公园里,我除了给孩子拍照,还和他们一起欣赏樱花,听他们讲笑话。在中央电视塔,我们组的孩子都得到了用望远镜观看北京城的机会。其他组可能是因为纪律不严,一半的孩子还没有观景就到了集合离开的时间。在用望远镜观景时,我们组的学生因为女儿很照顾他们,就对她说:"蔡宇瑶,你刚才帮我们拿东西,我们现在先让你看,来!"

"不行,我妈妈是志愿者,我不能搞特殊待遇,你们先看,一会儿就轮到我了,谢谢!"

育儿·小妙招

(1)当孩子刚上小学时,需要家长适当参与,帮助他们快速融入集体之中

家长应该尽早参与孩子学校的各种社会实践活动。刚到一个陌生环境时,孩子需要家长站在身边,这样他们会很有底气,同时也会感觉到家长对自己新集体的重视。

（2）在参与学校的社会实践活动中，家长需要注意自己的身份

在学校里，孩子才是主角，家长是配角。家长不要以为自己能够事事为孩子做主，把他当作不懂事的小孩对待。家长虽然是去陪孩子，但主要目的不是陪着孩子，而是帮助孩子建立良好的班级社交关系。

（3）作为志愿者的家长要与孩子一样遵守校规、尊敬老师

家长去学校做志愿者时，一定要尊敬老师，听从学校的安排。这样，孩子才会以家长为榜样，知道参加学校的社会实践活动应该怎样做，以及如何与外界打交道。这是培养孩子校外社交能力难得的机会，家长应该尽量把握。

4.2 和小伙伴一起劳动：
释放压力、开阔胸怀

女儿上一年级时，原来在幼儿园一起玩耍的五六个小朋友，各自上了不同的小学。为了让这些发小有更多相聚的机会，我们几位妈妈商量并承包了北京南六环边的一块菜地。这块菜地属于郊区的一个农场，农场提供种子和种植人员，而承包者只需告诉他们哪个季节种什么蔬菜，收获的时候再去采摘即可。

自从第一批蔬菜长成之后，女儿每周回通州都要约发小一起去摘菜，有时是豆角、辣椒，有时是油菜、菠菜。夏天的时候，摘黄瓜是女儿最喜欢的采摘活动之一。可能因为是自己菜地里的黄瓜，孩子摘起来毫无压力：不用担心摘多了或者摘了没长大的被大人说，也不用担心保护不好上面的花朵而卖不上好价钱。女儿不仅喜欢自己摘黄瓜，还经常约好朋友京京一起去摘。她们总是自己寻找黄瓜并摘下来，看谁摘得多。家长不用帮忙，都在旁边聊天；孩子看着自己动手摘下的那一大篮子黄瓜，感到十分满足。

"妈妈，您看！我又摘了一根！"女儿摘到一根黄瓜后，兴奋地向我展示。

帮助孩子在集体中找到自己的位置

"阿姨,我也摘到了一根,您快看看!"京京看到好朋友向大人展示成果,也摘了一根喊了一声。我看到两个孩子那么开心,完全没有在学校学习时的压力,感到很欣慰:原来学习的压力真的可以在劳动中得到释放。

我们家离菜地很近,几乎每到收菜的时候都会去摘。如果菜摘得太多吃不完,我们会挨家挨户地送去给一起承包菜地的小朋友。有时候,那几位小朋友的妈妈都不需要我们送菜,于是我们就带到学校附近,送给那里的邻居们。女儿每次跟我去送蔬菜都很高兴,因为邻居们喜欢吃新鲜的青菜,也会拿家里好吃的东西来酬谢我们。渐渐地,女儿觉得摘菜和送菜都很有意义:把自己的劳动成果分享给邻居小朋友,不仅可以得到食物回报,还能得到邻居们的赞扬。女儿也知道,这些有机蔬菜,无论是我们自己吃还是送给邻居吃,都能实现它们的价值。因此,她越来越喜欢去摘菜,也越来越喜欢自己和好朋友承包的菜地了。

点评

在条件允许的情况下,家长可以给孩子租一块菜地,这不仅可以提升他们的劳动能力,还能培养他们乐于分享的品质。到菜地参与劳作,是孩子释放学习压力、劳逸结合的良好方式。

如果没有条件承包菜地,家长也可以定期组织孩子和好朋友一起去采摘水果。如果摘到的东西足够多,不要忘记分享给亲戚或邻居。送出去的东西是有形的,而孩子在这个过程中所得到的收获则是无形且无限的。

> **育儿小妙招**

（1）家长应尽量为孩子创造简单的劳动机会

无论是临时采摘还是租赁菜地或果园，都能给孩子带来丰富的收获：在劳动中释放压力、培养社交能力，培养与大自然打交道的能力，提升生活资源共享能力等。

（2）当家长带孩子去地里干活时，不应过分担心他们会累着

家长要让孩子亲自动手，也要舍得让孩子流汗。有时候，家长眼中的苦差事对孩子来说可能并不觉得辛苦。如果家长过早地灌输给孩子辛苦和劳累的观念，可能会影响孩子干活的积极性，无法达到预期的效果。

（3）让孩子参与采摘活动并不会浪费他们的时间和努力

无论是劳动、运动还是学习，只要认真坚持，孩子都会有所收获。我们多年来一直坚持在菜地摘菜，无论春夏秋冬，都没有放弃。然而，有些孩子因为家长觉得摘菜不方便，只去一两次就放弃了。后来，他们对到菜地摘菜的意义有了"不屑为之"的不同体会。

4.3 参加学校社团：
学会接纳、尊重差异

在上小学之前，女儿已经学习了几种才艺。到了二年级，学校成立了一个民乐团，其他家长都不想让孩子参加校内的乐器学习，但我毫不犹豫地让女儿报名参加了。我非常支持孩子参加学校的社团活动，特别是民乐团。我不仅每周主动去给琵琶老师当助教，而且每次学校组织比赛或演出，我都主动报名去当志愿者，为民乐团的孩子提供服务。

"妈妈，我觉得那些新来的二胡声部同学学得太慢了，他们一拉错，我们整个乐队就得跟着重新排练一遍，我都不想在民乐团待着了。"每周五放学后，女儿在学校排练完已经是下午六七点钟了，其他同学只需花几分钟回家，而我们开车回家正是堵车高峰期，得多花费一个小时。因为我们工作日住在右安门，但休息日要回通州的家里跟爸爸团聚。女儿觉得民乐团排练浪费了很多时间，所以向我抱怨。

"宝贝，你们现在琵琶声部的学员稳定，而且都弹得很好。但二胡或其他声部高年级的学生走了，就得加入新人。合排时，指挥老师需要照顾整个乐团的进度，所以你们要跟着一起练习。"我很赞同这种看似简单又重复的排练方式，它能磨炼孩子的性格，让孩子学会接纳别人，对于将来孩子在社会上与人相处非常重要。

"如果将来你成为指挥，自己对一首曲子非常熟练了，但乐团成员总是出错，你会放弃他们，一个人去表演吗？"我耐心地开导女儿，希望她能理解。

"那怎么办呢？我觉得太浪费时间了，害得我每次周五回家都很晚，我想退出乐团。"女儿有些难过地说道。

"宝贝，想象一下，一个人的手指有长有短，你不能因为不喜欢短的就舍弃它吧？再说，新学员有不懂的乐理，你可以教他们。当老师是自我提升的最好方式。"我劝说女儿。

女儿听了我的劝告，竟然真的开始在乐团里教新成员。到了五年级时，琵琶声部有了新学生加入，琵琶老师就让她带着两个学生练习琴技。女儿一直认真负责地教她们。后来，那两位学妹的家长见到我们后，夸赞女儿

> **点评**
>
> 参加学校的社团活动，不仅可以让孩子学到一些才艺，还能为他们建立起一个跨年级的好朋友团队。与不同年龄的校友交往中，孩子可以学到那些在同龄人身上无法获得的知识，还能提高他们处理情绪和复杂人际关系的社交能力。

教得很好。这让我感到非常欣慰：女儿认为浪费时间的事情，我并没有忽视，但在那些被"浪费"的时间里，孩子学会了接纳和等待，这比学习琴艺本身更有价值。

在那些被"浪费"的时间里，女儿学会了观察，知道什么样的学生能更好地合作，什么样的方式才能提高她们的能力。这又是一种宝贵的收获。

育儿·小·妙招

（1）在孩子的小学阶段，家长应鼓励孩子至少参加一个学校社团

小学生参加学校的某个社团，不仅可以学到一项才艺，还能为他们提供在一个全新集体中学习社交技巧的机会。

（2）家长需关注孩子在学校社团中的学习情况，了解他在社团里的人际关系

当孩子遇到学哥学姐时，他们可能不知道如何相处。这时，家长应给予适当的建议，帮助孩子与大家融洽相处，这样孩子会更愿意留在那个集体中，并从中学到更多东西。

（3）家长应鼓励孩子在一个社团中坚持下去

鼓励孩子长期坚持一项活动，不仅能使孩子更加专注，也能让他们在长期和固定群体的相处中逐渐提高为人处世的能力，从而提升他们的社交能力。

4.4 参加跳蚤市场：
克服害羞和胆小

女儿在同龄人中算是比较勇敢的，但当她与不熟悉的人交往时，也会感到有些拘束。这或许就是女孩天生的害羞吧。

有段时间，我正在思考如何让女儿更加自信大方一些，正巧，通州那边的业主群里有人组织小朋友在周六上午10点举办跳蚤市场活动。周五我们回家后，我把女儿小时候玩过的七八成新的玩具、一部分已经不再阅读的图书，以及她上幼儿园时剩下的一些未使用过的学习用品找了出来，并制作了相宜的价签。

周六早上9点多，我给女儿打扮整齐，然后递给她那些没有标价格的漂亮价签。

"妈妈，这些价签怎么都没写价格呢？我怎么卖呢？"女儿看着那一堆价签，噘着小嘴，一脸不开心。

"宝贝，今天你是这些物品的主人，你需要亲自给它们标上价格，这样你才好和买家讨价还价啊！"我神秘地对女儿说，这很快引起了她的兴趣。

"妈妈，怎样要价和还价？"

"当客人问你这套绘本怎么卖的时候,你就按照你标的价格告诉他,如果他说便宜一点,你就在标价的基础上稍微降低一两块钱,看看他是否愿意购买。如果他一再要求降价,而你已经把这本书的价格标得过低,那么就失去了讨价还价的乐趣和智慧,这样也可能无法引起买家的兴趣……"我滔滔不绝地给她讲了很长时间,完全忽略了女儿还不到七岁这个事实。

那天,虽然我让孩子自己标价,但在给她建议每件物品应该标多少钱时,我已经教给了她一些与买家交流的技巧。在后来的实践中,女儿一开始也不太敢主动和买家讲价。有些好心的邻居会带着自己的孩子来,慢慢引导女儿跟她交流;还有一些男性家长看见女儿卖的书后,也不会还价,而是直接买下来给自己孩子。不过,他们在购买之后会要求女儿向他们介绍图书的优点。最初女儿的声音很小,就像蚊子嗡嗡一样,但是看到其他孩子都围着她听她讲故事,她越讲越兴奋,变得越来越自信,最后她不再卖别的东西了,只喜欢给别人介绍自己的书。

经过这一次跳蚤市场的锻炼,女儿的勇气比之前大了很多，而且她也确实学会了简单的讨价还价技巧。在二年级学校组织的跳蚤市场义卖活动中，女儿表现得很出色，不仅将自己带的图书全部卖掉，还将钱捐给了志愿者，并以很低的价格买到了一本自己非常喜欢的小说《三国演义》。这本小说女儿看了好几遍后，把它捐给了一位留守儿童。当女儿看到别人拿到她捐的书那欣喜的表情时，感到非常满足，兴奋地说："妈妈，快看！这是我在学校跳蚤市场买的我最喜欢的书，以后我还要再多买一些，看完后还捐给这个小妹妹！"

点评

让孩子参加跳蚤市场，不仅能提升他们的计算能力，还能教会他们如何与不同的买家进行交流，这是一次难得的商业社交机会。如果孩子能够充分利用在跳蚤市场"淘"到的东西，那么对他们来说还有更深远的意义。

育儿小妙招

（1）让孩子参加跳蚤市场活动时，首先要精心挑选适合出售的物品

选择那些易于交流和卖出的物品，这样买家会更多，孩子施展销售本领的机会更多，与客户交流的机会也就更多，他们会更有成就感，并且以后更愿意参与这类活动。

（2）在孩子决定出售物品之前，确保他们真正愿意这样做

如果孩子在买家购买后舍不得那些物品，可能会比

较尴尬：买家的孩子想要，卖家又不愿意痛快地拿出物品。如果孩子在活动中老是出现这种状况，其他小朋友可能就不再过来买他的东西，这样他会觉得很无趣，从而大大影响他的参与积极性。

（3）从标价开始，要鼓励孩子真实地参与其中

在活动过程中，家长不应代替孩子进行所有的工作，而应给予孩子更多与买家直接接触的机会，帮助孩子克服害羞和胆小，同时可以锻炼他们的商业社交能力，培养他们的财商。

4.5 微信朋友圈里"晒娃":
让孩子体会被关注、认可的感觉

不知道为什么,现在在微信朋友圈中"晒娃"的情况变得越来越少了。女儿上小学的时候,我经常发微信朋友圈,分享她的近况。有时我会附上几张照片,有时写一段温馨的文字,有时展示我们的对话。我曾经读过一篇名为《我偏要"晒娃"》的文章,讲述了一位杂志专栏作者的经历。她有很多粉丝,有人劝她不要频繁在微信朋友圈里"晒娃",因为这样显得自夸,另外,与读者走得太近,也没有神秘感,可能会失去粉丝。但这位作者坚信自己在微信朋友圈"晒娃"并没有妨碍到任何人,真粉不会觉得她在卖弄,如果别人不想看这些内容可以选择屏蔽。

有一次,一个亲友也劝告我:"孩子还是悄悄地长大比较好,整天都晒照片,不是所有人都知道你家孩子的优缺点了吗?包括将来的竞争对手在内,太可怕了!你最好减少在微信朋友圈里发关于孩子的事情。"

起初,我在朋友圈晒女儿的照片没有考虑到肖像权的问题,认为孩子在不断成长和变化,照片也会随之变化。即使我喜欢在朋友圈分享女儿的照片，一天最多发一次，特别是关于孩子的事情，也不会多发，应该不会引起太多反感。

让女儿在我的微信朋友圈里"晒晒"，既能记录她成长过程中的点滴，也让关心和爱护她的亲戚朋友了解她的状况。这样不仅缓解了他们对女儿的思念之情，也告诉他们不用担心，她成长得很好，而我也过得不错。

在微信朋友圈里"晒娃"，我会故意让女儿知道。每次看到亲戚朋友给我发的朋友圈点赞或评论后，我都会拿给女儿看。看到那么多人肯定她、

> **点评**
>
> 在微信朋友圈里，偶尔"晒晒"孩子的优点以及他们成长过程中的点滴进步，并不是为了炫耀孩子，而是为了让孩子感受到被理解和被认可。这样的分享可以激发他们更加努力、更积极向上。

鼓励她，女儿就更有动力，更愿意去努力。比如平时练琴一个小时，她知道我要发朋友圈，就会多练一会儿，再让我录视频发圈。如果在文化课上或学校取得荣誉，我也会发朋友圈感谢学校的老师。老师看到我的朋友圈，一般也会点赞回应。我把老师的点赞给女儿看时，她总是感到无比自豪和高兴。之后，她往往会比以前更用心学习。

女儿大概到了六岁以后开始关注自己的隐私和肖像权，不再让我发正面照片。每当我在微信朋友圈分享她的故事、赞扬她的努力时，女儿表面上可能没有小时候那么兴奋，但心里其实很开心：妈妈真的了解我的付出，给我那么大肯定，我要继续努力！

育儿小妙招

（1）在微信朋友圈中"晒娃"时，需要避免夸张的言辞和擅作主张

发朋友圈时，家长应该注意尊重事实，如果过分夸大孩子的优点或成绩，容易让人产生反感，同时也可能滋长孩子的虚荣心，不利于他们今后踏实地学习和生活。此外，当家长希望在朋友圈中分享孩子的生活或学习情况时，应事先征得孩子的同意，不能为了炫耀自己教育得当而"晒娃"。

（2）在微信朋友圈中"晒娃"时，家长要巧花心思

如果家长既想记录孩子的点滴成长，又不希望太多人了解孩子的一切，可以在朋友圈中进行一些特殊设置，只允许真正关心孩子和喜欢关注孩子的亲朋好友看到相关内容。

（3）如果孩子不愿意家长在微信朋友圈中"晒"自己，家长需要尊重孩子的想法

有的孩子十分不满意家长在朋友圈中发布关于自己的事情，这时家长要尊重孩子：毕竟每个孩子的性格和要求展示的方式都不同。无论孩子是否允许家长发朋友圈"晒"自己，家长都应该及时认可孩子的付出和他们取得的成绩。

4.6 适当使用电子产品：
有利于交友

有些家长问我："我担心孩子有了手机会沉迷于游戏，影响学习，但是看到他的同学都有手机，我也想让他拥有一个属于自己的电子产品。我真的很矛盾。不知道是否应该给孩子买手机。"每次遇到这样的家长，我都替孩子难过：家长过度控制孩子，反而会限制孩子的成长。

女儿从三年级开始就有了自己的手机，至今已经换了两部。我们给她买的手机是专门为她准备的，并且她淘汰下来的手机也交给她自行处理。这样的做法让女儿明白，她的手机是她的私人财产。因此，女儿既不羡慕别人的手机比她的高档，也不会为了拥有更昂贵的手机而苦恼。对于现代孩子来说，手机就像我们小时候拥有文具盒一样，并不是奢侈品。

孩子如果能够正确使用他们的专属电子产品，这对于他们的交友和学习是非常有利的。女儿拥有的第一个电子产品是她上一年级时，我的一个朋友送的小天才手表。当时学校组织去郊区进行社会实践活动，那次一个家长志愿者都没有，学校不让任何

帮助孩子在集体中找到自己的位置 4

家长陪同，老师第一次单独带领那么多学生外出，我很担心。我让女儿戴上电子手表，并使用手机定位功能，这样我随时都能知道她的位置，心里非常安心。女儿戴着手表，在车上还可以给我打电话，所以她在那次出行时显得非常从容。

有一段时间，孩子们逐渐都开始佩戴电子手表。当他们一起下楼玩耍或者在放学路上碰到熟悉的同学时，只要有人戴着电子手表，他们就会用手表"碰一碰"，互相加为好友。那些没有电子手表的孩子往往会表现出羡慕的神情，随后会感到孤单和不合群，渐渐地，他们变得沉默寡言。

点评

为什么有些家长会害怕孩子拥有自己的手机呢？我认为，家长需要转变观念。与其试图控制孩子不玩网络游戏而专心学习，不如让孩子踏实地拥有自己的电子产品。这样，他们可以用手机来交友和交流，同时可以提高学习和生活的热情，并培养良好的社交能力。何乐而不为呢？

育儿·小妙招

（1）孩子长大是必然的，因此接触新事物也是必然的

如果家长不敢让孩子接触电子产品，那么他们将缺乏创造新事物的底气和能力。另外，如果孩子一直不能抗拒电子产品的诱惑，即使他们没有专属电子产品，也会去偷偷玩长辈或同学、朋友的电子产品。

（2）孩子拥有电子产品这件事本身并不可怕

很多家长说不能给孩子购置电子产品，怕他们身陷其中。其实，真正可怕的是家长不会正确引导孩子适度使用电子产品。家长不能选择"懒政"，一味认为不给孩子买电子产品就能解决所有问题。

（3）家长可以巧妙地引导孩子利用电子产品学会网络社交

家长在看到电子产品对孩子产生负面影响的同时，要结合自家孩子的特点，积极开发电子产品的交流功能，帮助孩子提高社交效率。例如，让孩子和关系好的同学建立学习讨论群，不会的题、没有听懂的知识点，大家可以在群里问一问；还可以让孩子利用网络课堂自主学习，或者鼓励他们开一个线上研讨会，大家互相讲解自己擅长的学科等。

4.7 适度看电视、玩游戏：
避免和同伴无话题

女儿小时候很喜欢和我一起看古装电视剧。上学后，她发现很多同学也喜欢聊电视剧，于是她主动给同学们讲述历史片段，同学们都愿意和她一起讨论。

到了初中，女儿对历史有了自学能力，常常能轻松考出很高的分数。在女儿上初中前，我们刚好看完了《芈月传》。在观看电视剧的过程中，我给女儿补习了很多春秋战国时期的历史知识，所以她不仅能够与小学的同学聊那部电视剧，还收获了很多"崇拜者"。上了初中后，由于女儿对先秦历史故事的熟悉，第一次期中考试历史得了 99 分，从此她更加喜欢学习历史。

当然，我建议孩子看电视不一定是电视剧，一些优质的电视节目也可以激发孩子的兴趣，让他们在同龄人中获得话语权。其实，女儿在幼儿园中班之前是不看电视的，那时候家里大人偶尔看看新闻节目，女儿都会过去把电视机关掉，并说："电视有什么好看的？"有一次，我们和女儿的好朋友及其家人一起去泡温泉。当时几个孩子开始聊一档娱乐节目，我和女儿听得一头雾水，经过询问才知道，那些孩子看那个节目已经一年多了。回家之后，女儿一直关注着她的那些小伙伴喜欢的节日。后来又和他们聚会时，女儿不再觉得自己是局外人，不再为和同伴无话题而感到伤心。

有些邻居的孩子喜欢打游戏，妈妈很担心，总是强行干涉，但结果并不理想：家长越是不让打，孩子就越想打，家庭矛盾频发。女儿上初中时，我帮邻居接过两个男孩。两个男孩刚见面就开始聊游戏，聊自己在这方面的经验和收获。我发现那个从小爱玩电子游戏的孩子，虽然他的学习成绩不算很好，但他的思维很活跃，处理事情的方法也很独特。两个男孩聊游戏时，我女儿也知道了一些皮毛，但毕竟不像男孩那样专业，基本上插不上嘴。

> **点评**
>
> 孩子偶尔看看电视剧、打打游戏，这些都是可以接受的事情。家长不必过多担心，也不要过度限制。只要控制得当，在不影响学习的前提下，将这些活动作为娱乐方式，孩子是可以从中得到一些家长意想不到的收获的。

> **育儿·小妙招**

（1）孩子有自己喜欢做的事情是好现象

家长应该正视这种偏好（即适度看电视、玩游戏）所带来的好处，并给予孩子及时有效的引导，让孩子在这些看似浪费时间的活动中找到收获和得到成长。

（2）适度看电视、玩游戏可以缓解孩子的学习压力

在学习过程中，孩子也需要放松。因此，家长可以适当允许孩子看看电视、打打游戏，以缓解他们的心理压力，增添一些生活乐趣。

（3）在孩子看电视、打游戏时，家长最好陪伴在他们身边

这样既有利于对孩子进行引导，又有助于亲子关系的培养。如果家长一味地纵容孩子沉溺于电视和游戏，等他们无法自拔时再想管教就为时已晚了。

4.8 远离校外围堵：
立刻行动、及时止损

女儿上小学时，由于家离学校近，我每天都步行接送她上下学。大约到了六年级上学期，我多次接女儿放学时，发现小区里几位同年级但不同班的男生正在围堵一位来自附近小区的小个子男生，似乎在争论什么。一开始我以为他们只是开玩笑，没太在意。

有一天，我看到那位经常被欺负的小个子男生带着家长去找那几个经常围堵他的男生。这时，我突然意识到他们以前的行为并非只是开玩笑，而是类似现实生活中上演的校园欺凌。我立刻告诉女儿："如果你以后遇到这种情况，在学校要跟老师说，回来要跟我说，否则他们会得寸进尺，不

点评

孩子受到围堵，家长要及时干预：可以向同学了解情况，或与对方家长进行沟通。直接向学校报告并不可取。一方面，围堵别人的学生可能起初只是觉得好玩，欺负那些不爱说话或不合群的同学。他们的行为并不算是真正的欺凌。但如果家长不弄清楚那些学生的

断欺负你。"

回到家后，我越想越觉得不对劲，于是我给那些男生的家长发信息，告诉他们在放学路上发生的事情，并提醒他们无论是孩子围堵别人，还是自己被围堵，家长都应尽快了解情况，帮助孩子迅速解决问题，否则情况会变得更加危险。收到信息的家长都很吃惊，因为他们的孩子都是几个人一起结伴回家，所以对于放学路上发生的事情一无所知。我向这些家长强调："你们应该亲自找到那个孩子的家长，让孩子向受害者道歉。否则，如果那位家长向学校举报此事，你们的孩子可能会因涉嫌校园欺凌而受到处分，情节严重的话甚至可能被开除。"

这几位家长都感到非常震惊，第二天他们都亲自前去接孩子放学，并与那位小个子男生的家长进行了坦诚的交流。孩子们也在当天解开了心结，将一场可能演变成校园欺凌的事件快速解决了，家长们都感到非常欣慰。

> 想法，直接向学校举报，可能会适得其反。另一方面，孩子们之间的矛盾并不应该升级为仇恨。他们之间的隔阂可能只是因为缺乏沟通和理解。如果家长能够出面调解，帮助孩子们更好地理解对方，他们就不会再陷入冲突之中了。

> **育儿小妙招**

（1）家长发现孩子有围堵或被围堵迹象时，需要耐心地了解情况

如果孩子被围堵，要看看他是被同班、同年级的学生围堵，还是被高年级的学生欺凌，摸清情况，才好"对症下药"。如果有同学家长举报自家孩子对其他学生进行了围堵，家长应该高度重视，必须尽早制止这种事件，否则，这可能导致校园欺凌行为的开始。

（2）当校外围堵事件出现时，家长应该及时止损

凡是卷入围堵事件的孩子，家长都应该及时与对方家长和孩子沟通，了解事情的真相，帮助孩子解决矛盾。不要等到事情真的演变到需要由校方解决，就无法收场了：被欺负的孩子的性格和人生观可能会受到伤害，学习成绩也会迅速下降；而欺负同学的学生则可能被开除，失去宝贵的学习机会。

（3）家长在处理围堵事件时，心态要端正

他们都是孩子，也是同学或校友，而这些孩子将来也可能成为最亲密的朋友。也就是说，处理这类问题主要取决于自家孩子的意愿。毕竟家长并非当事人，家长可以为孩子提供解决问题的建议，然后双方共同决定如何解决，家长不能强行替孩子处置此事。

4.9 面对孩子的沉默：
观察、理解、尊重

孩子到了十一二岁，他们的思维开始变得敏锐。如果家长还像在孩子小时候那样叮嘱各种事情，孩子会觉得家长唠叨。家长说得越多，孩子听进去越少，甚至会反感家长说的话。

女儿比较晚熟，当跟她同龄的小朋友开始逆反，不爱听家长说话时，她仍然很乖。上六年级时，女儿身边从小要好的两个好朋友都疏远她了。她们好像觉得我女儿什么事都不懂，不玩游戏，没有话题可说。当时女儿很生气，我也很困惑：两个女孩是我看着长大的，她俩彼此并不熟，但为什么都会对女儿这种态度呢？

女儿上完六年级后的那个暑假，我安排她和那两个朋友玩了几天，发现她们都不像原来那样爱说爱笑了。后来听说女孩们的妈妈说，有一年孩子的性格变得让家长都无法接受，直到孩子14岁左右才有所转变。我一直没想到青春期前期孩子的社交会有如此大的反差，于是开始小心翼翼地与女儿相处，不知道她什么时候会变化。果然，七年级时，女儿突然不愿意听我嘱咐了，总是提醒我不要那么大声跟她说话，尤其是早上起来，她说我的话会在她耳边回响一整天。

在那段时间里，我除了尽量少跟她说话外，还得和她保持相同的声量。只要我稍微提高音量或主动找她说话，她就极度反感，总是说："别打扰我，我在想问题！"那时，我似乎明白孩子沉默不一定是内心出了问题，而是他们不愿让各种声音充斥耳朵，他们需要安静的时间和空间来思考。

然而，尽管孩子开始沉默，不太愿意和家长多说话，但他们对自己的好友或同学仍愿意偶尔聊天。他们也会亲近家里养的小动物。有时候，我发现女儿偷偷地训斥家里的宠物龟，就像大人训斥自己的孩子一样。看到孩子与小动物的相处方式发生变化，我鼓励她多与好朋友进行语音或视频聊天，因为同龄人之间总有很多话题。如果家长发现孩子不爱跟大人交流，那就让他多跟同学、朋友交流吧。

点评

尊重孩子的沉默，多观察、多理解孩子行为背后的原因，让他们在需要安静时不被打扰，这可能是爱孩子最好的方式。每个人都需要适当的社交，将问题闷在心里而没有正确的宣泄口，会导致问题越来越难解决，也会让他们与人群和社会渐行渐远。

> 育儿小妙招

（1）小学中高年级的孩子开始沉默是常见现象

家长如果发现孩子不愿说话，不爱跟长辈交流，无须为此感到烦恼。在孩子过了14岁之后，这种情况会有所改善。

（2）孩子开始沉默是因为他们开始思考问题，开始形成自己的主见

孩子开始沉默是一个积极的发展迹象。家长不应该干预孩子的沉默，也不应该与他们争执。在这个时候，孩子往往无法听进家长的唠叨，因此大人说得越多效果越不好。相反，家长应该尊重孩子的沉默和思考，给予他们足够的时间和空间。

（3）在小学三四年级之前，家长可以帮助孩子培养一些"外交"渠道

家长要鼓励孩子阅读和参与运动、劳动，或者让他们养一些小动物。当孩子不想与家长交流，又没有机会与同学、朋友交流时，这些"外交"窗口可以为他们提供很好的处理和宣泄情感的渠道。这样的经历，有助于孩子建立自信、独立思考和解决问题。

4.10 孩子被排挤或排挤别人：
找原因、多疏导

女儿上六年级时，班里发生了排挤同学的情况。原因是那位女生的性格过于张扬，而她的母亲又喜欢打听其他孩子的学习成绩，并且到处说别人的孩子不如自己家的孩子学习好。这真是不幸的事，一个小学生竟然因为家长的不良行为而被同学排挤。

有一个外地读者曾经给我打电话，咨询一个问题。她的女儿小悦刚上一年级，还不知道怎么同时与多位同学建立友谊。好不容易她与 A 同学成为朋友，结果发现 A 同学和 B 同学在幼儿园时就是好朋友，所以小悦也想跟 B 同学成为好朋友。然而，B 同学平常比较强势，她不喜欢 A 同学与其他同学

点评

当家长发现自家孩子被排挤时，通常会感到非常心疼和不满，希望直接与对方家长沟通解决问题。然而，对方家长不可能时刻关注孩子的交往情况，而且有些孩子会因为同学家长向自己家长抱怨而更加激烈地去排挤那位同学。因此，家长如果

交朋友,并对 A 同学说:"如果你再和小悦玩,我就要惩罚你!"小悦听到这些话很害怕,她想继续和 A 同学交朋友,但又害怕这位好朋友会因为听了 B 同学的话而与自己断交。小悦的妈妈看到女儿受委屈后很生气,问我是否要去找 B 同学的家长理论。我把这件事告诉了女儿,因为她也经历过类似的情况。女儿毫不犹豫地说:"小悦应该尽快离开 A 和 B,重新结交新朋友,她明显被排挤了,如果继续留在她们的圈子里,会一直很难受。"

在一个集体中,有些孩子可能会被某些人排挤。被排挤的孩子要么是因为太优秀而引起同学的羡慕和嫉妒;要么是因为他们的性格不太合群。

对于孩子被排挤的问题,家长应该重视起来,帮助孩子找出被排挤的原因。如果是因为太优秀而被排挤,那么平时就应该多帮助那些不如自己的同学;如果是因为不合群而被排挤,家长应该创造机会邀请那些同学多与自己的孩子聚会,告诉他们孩子在交际方面的缺点,并恳请他们多多帮助。

一般来说,排挤别人的孩子往往

发现孩子有排挤他人的倾向,应多加劝阻:排挤别人往往是因为担心自己不如他人而产生的心胸狭隘的表现,要学习别人的长处,同时也要宽容别人的短处;排挤他人的行为不仅伤害了被排挤的人,也会严重损害自己在同伴中的形象。

此外,孩子排挤他人还有可能是由于家长平常过分夸奖某个小朋友而忽略了自家孩子的情感需求。因此,在遇到孩子排挤他人的情况时,家长也要反思自己的言行举止。

具有一定的领导能力，不愿意容忍在他们的视野范围内有比他更出色、能干的同学。或者，也许他发现有存在威胁他的地位的同学，他也会拉动一些人一起排挤这个小朋友。

育儿·小妙招

（1）不要浪费时间在一个不欢迎自己的团体中

无论是成年人还是孩子，如果在一个群体中明显被排挤，在条件允许的情况下，都应迅速离开这个群体，去发展新的友谊。只要孩子真诚与人交往，不愁交不到真心对待自己的朋友。

（2）当排挤现象出现，家长应该首先相信孩子，并反思自己

如果自己的孩子经常被不同的集体排挤，家长首先要相信孩子，然后积极观察孩子的情绪和行为，及时发现问题并帮助孩子改正。如果孩子经常去排挤小伙伴，家长也应该反思自己在夫妻关系或邻里关系中是否过于强势。这种强势可能会导致孩子模仿，并在其他方面也变得固执，喜欢排挤他人。

5

爱要说出口：不可回避的青春期社交痛点

青春期（12~18岁）的孩子本来就不愿意与家长交流，加上他们学业压力大，也没有时间与朋友们交往，这时如果家长不主动表达对孩子的爱和关注，他们就更不愿与外界产生交集了。即使孩子青春期有这样或那样令家长不满意的言语或行为，家长也得耐着性子等孩子长大：表达爱的同时，给足他们成长的时间和空间。

5.1 为什么孩子越大越不愿意与家长沟通

"妈妈,您少跟我说话,我就不会这么暴躁了。特别是每天早上,您跟我说的话会在我耳边回响一整天,这让我无法集中精力去记忆其他事情。"在我陪伴孩子去海淀读书的第二个星期,女儿开始向我提出要求。

当我答应女儿在学校附近租房陪读后,我度过了人生中最艰难的一段时光:每天早上 7 点将孩子送到学校,晚上 8 点多再接她回家睡觉;白天我在公寓里很孤单,没有人可以交谈。那时正值冬天,北京的室外非常寒冷,我们住在海淀区温泉镇的一个村庄里,出门就是荒凉的西山,村里没有任何户外健身设施,也没有人在早上、傍晚跳广场舞。那段寒冷而孤单的日子,我只能一个人待上 13 个多小时。晚上接到女儿后,我忍不住把白天的所有感受和委屈都向她倾诉,但每次都被女儿粗暴地打断:"别跟我说话!我在思考问题,您以为每个人都不需要思考吗?"

起初,我也感到有些难受,无法接受女儿的转变:自己用心养育的孩子,小时候那么喜欢黏着我的孩子,还不能完全独立,就要嫌弃我了吗?

后来，每天早上送女儿上学时，我尽量保持沉默，因为她需要在车上吃简单的早餐，我担心与她交谈会耽误她进餐。晚上接女儿时，我会给她带些水果和零食，等她吃完后，让她用手机来听一会儿音乐来放松心情。一进公寓院子，我就更不会与女儿交谈了，因为院子是封闭的，说话会有回音，会吵到其他人。进入房间后，我也不敢与女儿多说话。楼上的邻居是年轻人，我经常在早上送完女儿开车回去时碰到他们去上班，在会车时偶尔聊几句。大家彼此熟悉之后就知道了各自的作息时间，更不好意思大声说话打扰他们。

在我调整自己与女儿少说话的同时，我会利用业余时间听小说，也经常在网络上举办免费讲座，与其他家长交流家庭教育问题。如果有家长向我咨询育儿难题，我会立即打语音回复他们，这样既找到了人聊天，又提高了办事效率。家长们也因此非常感动：没想到周老师那么忙，还主动给我打电话。

我改变了自己的方式后，女儿反而开始主动跟我聊天，分享一些在学校发生的趣事和她与同学之间的摩擦。有时，她还会像小时候一样说些只有我们两个能听懂的话来逗我开心。而且，当我慢慢静下心来后，发现孩子仍然像以前一样爱我，并没有嫌弃我，反而把我当作知心朋友，会向我询问关于早恋的问题以及早恋可能带来的危害，或者讨论一些社会现象。

尽管我已经做出了各种调整，但有时候还是会在孩子面前唠叨，所以女儿经常提醒我："嘘！你闭嘴！"听到孩子这样说，我觉得有些尴尬：作为一个大人被孩子这样提醒，似乎有点没有尊严。于是，我想了一个办法，告诉女儿："我把笔名改成'你闭嘴'怎么样？"

"为什么？"女儿终于忍不住要跟我说话了，这是她青春期阶段少有的对我的事情表示好奇的时刻。

"要是别人说，你闺女怎么老是叫你闭嘴啊，我就可以说，我的名字就叫'你闭嘴'啊。这样一说，别人就不会知道你嫌弃我了。"

"啊，这？"女儿有些不好意思地说，"我没有嫌弃你啊！"

自从那次玩笑话之后，女儿也不太经常说"你闭嘴"了。偶尔她真的说了那句话时，我会调侃她说："你为什么又叫我笔名啊？"通过这句话的调侃，女儿反而不再继续说什么了，而我正好可以为自己的机智化解尴尬而自豪一下，心里也不再感到难受了。

> **点评**
>
> 青春期的孩子不愿意与家长沟通，这到底是因为家长说得太多，还是孩子对家长持有嫌弃的态度呢？其实，都不是。相反，孩子只是需要安静的时间和足够的空间，以便处理他们内心的思考和各种情绪。

育儿小妙招

（1）如何让孩子愿意持续与家长交流

首先家长需要放低姿态，不要以无所不知的长辈身份对待他们。青春期的孩子不喜欢被家长"说教"；一旦孩子意识到"你在教我做事"，他们会觉得不太光彩。

另外，家长也应该思考：孩子喜欢的是什么样的说话方式，在什么时刻可以与他们交谈，何时不宜过多干涉他们的私事，家长可以与他们讨论哪些话题等。

（2）家长不能把进入青春期的孩子当作无知小儿来对待

家长经常"自以为是"，这往往是孩子最不愿意与家长交流的原因之一。那些总是以教育者的姿态，或高高在上的语气与孩子对话的家长，会令孩子感到非常厌烦。还有一些家长平常对孩子关注较少，却想过多干涉他们的生活。家长不了解孩子内心的真实想法，不了解孩子在学校交的朋友是谁，不明白为什么孩子对某些课程表现出明显的厌恶，却经常横加干涉。这样恶性循环的结果是：家长误以为孩子厌烦自己的唠叨，于是更加试图控制孩子；而孩子则以为家长不尊重自己，从而自暴自弃，越发表现出叛逆的态度。

5.2 家长应该如何与孩子谈论"早恋"这个话题

初二第二学期开学后,女儿回家告诉我:"妈妈,张小章真的转学了,看来您上学期的分析是正确的。"

"我分析了什么?"我有些惊讶地问女儿。

"您说过小章早晚要转学,她和阿博的恋爱不会有结果。可是您知道吗,我看阿博一点都没有不高兴的样子,他似乎还没有我为小章突然转学那么难过呢。"女儿开始责怪男同学。

"你怎么知道他不难过?"我好奇地问道。

"他当然不会难过!小章转学后,他马上约了别的女生去看电影。"

"闺女,我不是跟你说过阿博的家长都在国外,不能经常回国,他需要找个比友情更好的情感寄托,聊聊天、倾诉心事吗?他和小章关系好一些,并不算是谈恋爱,更不是早恋。"我正愁着没有机会跟女儿深入聊聊"早恋"这个话题呢。

"如果妈妈没有特意来海淀陪读,你有知心话、有烦恼的时候,是不是也需要找个同学聊聊?"

"是的,不过我们班女生很少,她们个个都拼命学习,谁有时间跟我聊天啊？"女儿若有所思地说道，"要是找不到女生聊天，我只能找男生倾诉了。"

"闺女，你们学校有没有喜欢你的男生？"我开玩笑似的随口问了一句。

"有两个，不过都是初一的男生。"女儿不经意地说出这件事，"因为这两个人，闹得他们两个班的同学都认识我，挺尴尬的。"

"哎呀，初一的男生都比你小啊，再说他们才来学校半年，这也太快了吧。"我假装惊奇地说，"那你们班上有没有喜欢你的男生？"

"有啊，初一时有五个喜欢我的，现在只剩下两个了，那三个同学都转学了。"女儿语气淡漠地说起这件事，让我觉得她对那些男孩并不在意。

"这么多人喜欢你，你为什么不跟我说呢？"我假装非常欣喜女儿被人喜欢的事实。

"您说过现在的变数很大，即使喜欢对方，也可能会变，所以我觉得没有什么好说的。"

"没错，如果在大学时期有男生喜欢你，你可以带回家让我为他们做饭。哈哈……"

"是的，您会为他们做饭并带他们去旅行。您的格言是：旅行，更能考验一个男生是否值得托付终身。"女儿接过我的话，调侃起来。

女儿上初中后，我非常希望她能尽快学会与人交往的技巧，特别是能够处理"男生对自己有好感"这件事。因为在与异性的情感社交方面，很多女孩一开始并不关注，导致成年后无法独立、正确处理异性的追求，产生许多工作和生活上的麻烦。还有些女生一有人追求就草率同意对方，后来结婚后又觉得不合适，不得不分开。

女儿小学就读于丰台一所公立学校，初中转到海淀区的民办学校。在这两种风格迥异的学校里学习和生活，最让她不适应的应该是男女学生的交际。在公立学校，女生一般只和女生玩，男生和女生要么不交往，一旦关系密切一些，周围的人就会认为他们在早恋。而在民办学校，尤其是像女儿所在的学校有初中国际班和高中国际部，一些学生的为人处世常常效仿国外学生，处理男女关系较为随性。这些孩子的家长通常在经商，很少有时间照顾孩子，更不会过多关注他们与异性的交往。女儿刚上初一时，身材较矮小，也不注意自己的形象，对男女交往一无所知，经常为了替女生打抱不平而与某个男生发生争执，结果每学期的期末评优选举都落选。

住校期间，女儿偶尔会和要好的女同学在晚自习后去校园溜达。这时天色已晚，她们可能会看到高中的男

点评

一般而言，当孩子年满13岁时，他们的生理和心理都会经历一些转变。有时候他们会意识到自己已经长大成人了，需要独立做决策；而有时候他们又觉得自己还是个孩子，尤其是离家独自居住时缺乏家长的照顾，会感到孤单和无助。因此，他们迫切需要一位能够理解并关心自己的同性或异性朋友，给予自己关爱和支持。

女同学手挽手，她会觉得那是在谈恋爱，对此感到非常气愤。每当周末回家时，我经常听到女儿谈论这些事情。于是，我想初高中男女同学关系处理是个大难题，需要慢慢给孩子灌输一个观念：男女同学可以比普通同学关系好一点，但要把握好度，既要互相支持帮助，又要保持良好的友谊，不能做出不当行为。

后来，我搬到学校附近租房陪读了。女孩子在青春期会有一些明显的爱美表现，她们想引起同学的关注并展现自己的美丽。而且，她们确实比以前更漂亮了，身材变得更加苗条，脸上的胶原蛋白也增加了。这个时期，孩子的变化就像"丑小鸭变成白天鹅"的过程。我总是适当地赞美女儿，同时告诉她一些与男生相处的原则，并灌输给她对未来情感发展的思考，让她自己判断如何与爱慕她的男生相处。我和女儿谈话从不回避"早恋"这个话题，因为我知道"早恋"并不是一个可怕或糟糕的话题，而且孩子必须学会处理"早恋"这件事。

育儿·小·妙招

（1）家长早晚都需要直面孩子"早恋"这个课题

家长在发现孩子有交往密切的异性朋友后，不要过于慌张，首先要观察和了解他们相处到了何种程度，然后根据情况决定如何与孩子谈论这个话题。家长要对孩子明确表示"早恋"中不可逾矩的方面，以及与异性交往的程度。

（2）家长要积极探究孩子早恋的原因

家长应该了解一下这两个孩子为什么愿意彼此靠近。然后，家长可以采取相应的措施，同时关心并关爱自己的孩子，鼓励孩子有任何心事都要勇敢地与大人沟通。

（3）家长需清楚孩子早恋并不一定是坏事

家长要意识到孩子需要尽早学会与异性交往这门功课。即使初高中没有机会学习这种社交技巧，大学或参加工作后也需要补习。因此，家长不应该过于主观地将孩子早恋视为洪水猛兽。更何况，孩子可能并没有真的陷入早恋中。

5.3 家长应该怎样帮"易怒型孩子"平和心态

"妈妈,今天小C和小T又吵架了。而且,小T去学校办公室给她妈妈打电话时,把德育处的电话都砸了。"在初一下学期,女儿已经和整个初一年级的学生都很熟悉了。所以,回家后,她开始谈论别的班发生的可怕事件。

"他们为什么又发生冲突了?小C不是答应我,要让着小T,不和她产生矛盾吗?"我听到女儿的报告,开始感到气愤。

"小C那么容易发怒,他不是不想听您的话,而是自己实在控制不住情绪。"女儿在周围人都嫌弃小C时,经常替他辩解,看来她开始理解别人的困境了。

"小T怎么也那么冲动,还把学电话砸了?"我听到女儿的回答,开始找两个孩子频繁吵架的原因,"看来架也不是小C一个人的错啊。"

"妈妈,怎么不是小C的错呢?

当着全班同学的面,他从蹲在地上的小T背后跨了过去,小T感觉受到极大的侮辱,结果小C还不道歉,说自己并没有碰到小T的身体,无过错。哼,我再也不帮小C说话了,他又暴躁又不讲理,还故意挑衅别人,激怒别人!"

"那小T为什么去德育处打电话啊?"我看到女儿为小C屡教不改的事气愤不已,打算转移话题。

"还不是因为她让小C道歉,小C非但不道歉,还骂骂咧咧的。小T气得把自己的书全扔到地上了,小C还跑过去踩那些书。"

"小C做得确实太过分了。"

"反正这次我支持小T,况且她还是我的室友。"

小C的父母在他小学时就离异了,而且小C的妈妈经常出差,他是跟着姥姥姥爷长大的。小学六年里,小C在姥姥家附近的学校上学。那时公立学校管得很严,加上孩子太小,与同学没有太多冲突。然而,当小C上初中之后,由于学校离家远且妈妈经常不在北京工作的缘故,他就被委托给我开车接送上下学。因此,我经常一有机会就稍微教育一下那个孩子。

小C长得高大壮实,但是毕竟还未满14岁,正处于青春期最叛逆的阶段。因此,在学校里他经常惹出状况,三天两头地被学校停学或停宿。慢慢地,学校各班的同学都知道小C是个爱惹事的"坏学生"。随着时间推移，小C在学校住得越来越不开心，但他妈妈总是以工作忙为由很少到学校帮助孩子解决问题。可怜的是，两位老人一趟又一趟地往学校赶，不是接孩子回家，就是送孩子回学校。这一年来，小C几乎没有上满整月课的时候，也没有每周按时坐上我的车，所以我对他的教育也不够完整及时。每当小C在学校惹事后，我都会打电话给他妈妈。我们一聊就是一两个小时。然而，小C的妈妈经常是在电话里答应去学校解决问题，却总是未办理就已经出差了。后来，其他家长对小C的妈妈失去了信任感，同学们也开始排挤小C。其他家长甚至私下要求班主任开班会声讨小C的罪状，并要求学校直接开除他。这位狂躁、易怒的学生最终在上完初一后被迫转学，回姥姥家附近的学校了。

小T同学也是从别的区转到海淀区上初中的，同样住校。然而，当她处于青春叛逆期时，只要她一打电话，家长就及时去学校帮助解决问题。无论是找学生家长还是找学校领导，小T

> **点评**
>
> 哪个孩子没有青春期呢？哪个孩子不是经历叛逆期并最终变得沉稳呢？孩子的最终性格发展真的与家人的付出息息相关。从小C和小T的青春过渡期来看，叛逆并非都是可怕的，主要取决于家长如何对待问题和帮助孩子。有心理学研究发现，孩子心中愤怒的最大来源，是他们根深蒂固地认为自己没有人爱。

的妈妈总是不遗余力。这位妈妈每次都早早地去学校等候解决问题；学校每学年运动会、开学典礼或其他大型活动，小T的家长总是在校门口给孩子加油助威；每逢小T过生日或其他值得庆祝的日子，她的父母和哥哥总是带着蛋糕和美食在校门口等候。

起初接触小T时，我也觉得她个性鲜明，并且性格与小C一样有点狂躁和易怒。虽然她也和小C一样住校过集体生活，但小T的家人对她始终坚守"陪伴"，最终帮助她顺利度过了"可怕"的14岁。小T全家对青春期孩子的叛逆持有包容态度并持续守候，让小T逐渐成为一位自信、平和的好学生。在初二时，小T还当上了班里的副班长。

育儿小妙招

（1）对青春期易怒的孩子，家长更应该多花精力、多关注

当孩子出现异常状况时，家长应该多关注并帮助他们解决问题。当孩子进入青春期并表现出叛逆行为时，家长不能忽视或拖延时间，而要及时纠错。所以，面对孩子的愤怒，最好的做法是：接纳愤怒，看见需求。

（2）家长应该对青春期易怒的孩子更有信心

儿童心理学家鲁道夫·德雷克斯说：一个行为不当的孩子，是一个丧失信心的孩子。家长需要知道，所有的叛逆都会过去，孩子会"螺旋式"成长，相信只要他们度过叛逆期，一切都会好转。孩子不会永远这样。因此，需要对孩子多一些耐心和包容。

（3）家长应该多去了解孩子出现易怒情绪的内因

家长应该教导孩子如何适当宣泄情绪并冷静处理问题。如果孩子无法得到适时的帮助和情感疏导，他们就容易惹是生非，甚至故意挑衅同学，导致严重的后果。孩子发怒不可怕，真正可怕的是，孩子内心关闭了联结家长的通道。从此势单力薄一个人，身在人群却如孤鹤，独自背着一身伤痛缓慢前行。

5.4 要勇敢对"校园霸凌"说"不"

"周老师,我的孩子不愿意去上学了。每次送他到学校门口,他总是哭个不停,我到底该怎么办?他才上三年级,难道就这么辍学了吗?"

"他为什么不愿上学呢?你了解原因吗?"

"我儿子不愿意说,但从他的同学那里我了解到,有同学在欺负他。他们有时候会摔他的文具盒,有时候藏起他的课本,甚至有时候推搡他、打他……"

"那你们有没有尝试过联系学校的班主任来处理这个问题?"我耐心地听着那位母亲的诉说,心中迅速思索着解决校园欺凌的办法。

"没有,孩子的父亲在外地工作,家里只有我一个人。我担心即便去找学校,也没人为我们主持公道。之前我想过去找老师谈谈,但又害怕老师会觉得我们是在无理取闹。"

"你必须去找老师谈。如果你不说出来,老师就无法了解情况。而且如果继续纵容那些欺负你儿子的学生,他们会认为可以继续作恶。他们会更加肆无忌惮地霸凌你儿子。"

"周老师,我现在只想让我儿子勇敢地去上学。我相信等他长大了,自然就没有同学敢欺负他了。我女儿小时候也有过同样的经历,但自从她上了初中,转到了县城的学校之后,就再也没有人欺负她了,她也重新喜欢上了学习。"听了这番话,我对这位多年来默默忍受校园欺凌的姐姐充满了同情。

"弟弟之所以不想上学,是因为害怕在学校受到霸凌。他已经明显表现出抗拒的情绪。你需要更加勇敢一些,让你丈夫回来,一起去学校找老师,解决这个问题。这样你的儿子才能安心地去上学。"我极力劝解道。沉默了一分钟后,电话那头传来了她微弱的声音。

"好吧,我会试试看能不能让他爸爸回来一趟……"

2023年寒冷的冬夜里,一位来自远方的读者打电话向我求助。那天,听着电话那头的家长哭泣,我感到有些无力。

点评

霸凌行为的界定非常明确,只有"有"和"无",我们必须和孩子一同勇敢地对第一次霸凌说"不"。那些欺凌他人的孩子的家长往往认为同学之间的打闹只是玩笑而已。然而,区分"校园霸凌"的关键,在于动机——是出于善意还是恶意。例如,起外号通常是出于对孩子的不喜欢,甚至是人身攻击,显然属于霸凌;当然,仅凭动机也不足以判定,还需观察行为本身,如小朋友间的推搡,尤其在男孩子之间,可能只是常见的玩闹。但是,经过一整夜的深思,我给她发去了一条信息:一旦发现孩子受到欺凌,家长首先要控制好自己的情绪,关注孩子的感受和遭遇,并和孩子及其他家庭成员一起商讨合适的应对策略。第一步是及时与学校老师取得联系,理性表达关切,实现家校之间的良好沟通与合作。接下来,要与老师共同制定解决方案,确保孩子在学校能够感受到足够的安全感和归属感。总而言之,家长应与学校教师共同努力,打造一个更安全、和谐、温馨的学习环境,让孩子在一个充满尊重、平等和友爱的氛围中学习和成长。作为母亲,你为孩子解决问题的勇气,他看在眼里,也会增强他反抗校园霸凌的勇气!

"校园霸凌"是一个不容忽视的议题,它牵动着学生、家长、教育工作者乃至整个社会的心。要如何识别校园霸凌行为呢?有时,关于某一行为是否构成校园霸凌,不同的人可能会有不同的见解,这可能会导致家长之间,以及家长与学校之间出现争议甚至纠纷。因此,为了准确判断何为霸凌行为,我们首先需要关注孩子自

> 如果有人故意唆使一群人让某个孩子出丑,让他成为众人笑柄,那无疑是恶意的行为。
>
> 一旦家长确定孩子在学校遭受了恶意攻击,必须立即采取行动,与孩子共同面对挑战。因为孩子们往往会"得寸进尺",如果他们发现被欺负的孩子不敢告诉家长,或者家长不愿向学校反映情况,那么这些孩子将来可能会变得更加肆无忌惮。
>
> 家长在日常生活中也应教导孩子一种理念:不要为了讨好他人而甘愿被嘲笑。如果同学们习惯于以某个孩子为乐,

身的感受：他们是否受到了身心的伤害，是否因此产生了委屈、难过、恐惧、焦虑等负面情绪，以及行为人的动机；其次，我们要观察双方的关系是否平等，是否存在显著的身体力量差异，或者在权力和影响力方面是否失衡。通常情况下，霸凌行为是绝对强势者对无抵抗力的弱势者的单方面压迫，施暴者在体力、权力和资源等方面具有压倒性的优势。

> 他们可能会不加节制地捉弄这个孩子，随着时间的流逝，这个孩子就会变成同伴们的"靶子"。起初，大家可能只是出于好玩或淘气，但当他们中的一些人遭遇到更大孩子的霸凌时，他们可能会模仿这种行为，并将其施加在那个同学身上，这样原本的"恶作剧"就可能演变成了"霸凌"。

育儿小妙招

（1）教育孩子在遭遇"霸凌"时要迅速撤离现场，保护自己的人身安全。

当孩子感觉自己可能遭受身体上的欺凌，特别是在力量悬殊的情况下，应寻找机会逃离，以尽量减少受到的伤害。家长可以在孩子年幼时就向他们灌输一种观念：

自己的生命和安全至上，任何时候都要判断自己是否处于安全状态，不必担心因逃避而受到责备；一旦遇到危险，应立即逃离，其他问题家长会协助解决。

有些小学生即使在教室里受到欺凌，也不敢逃离，他们害怕老师知道后会受到惩罚。正因为此，一些霸凌者会选择在老师离开教室时，无所顾忌地欺负他人。在这样一个狭小的空间内，他们通过恐吓其他孩子来树立自己的权威，以便将来更容易控制他们。

（2）鼓励孩子多与同学交往

为了避免在校园中被欺凌、孤立或针对，孩子们最有效的策略之一就是交到朋友，融入集体。通常，霸凌者只会对那些孤立无援的孩子下手。如果一个学生能够融入集体，拥有许多朋友，那么无论在哪里，他都不会轻易成为霸凌者的目标。即便有时遭到欺凌者的挑衅，他的朋友们也会及时施以援手：他们的友情将为霸凌者发出"危险信号"，从而能够及时制止伤害。

（3）告诉孩子，若遭遇"校园霸凌"，必须第一时间寻求帮助（向父母、老师求助，甚至可以通过法律途径）

根据相关数据统计，只有少数校园霸凌事件被注意到，更多受害者选择了忍耐和沉默。然而，家长们需要了解，校园霸凌通常具有三个特征：蓄意伤害、力量失衡、重复发生。最后一点表明，如果受害者选择沉默，霸凌行为是不会自行停止的。很多受欺凌者害怕公开自己遭受的霸凌,不敢向父母透露,担心会招致更严重的报复。这种想法是极其错误的,容忍只会带来更多的霸凌。不要害怕采取坚决的措施,父母和学校有许多方法可以保护孩子的安全,并惩处霸凌者。作为家长,一旦获悉此类信息,应立即向学校相关负责人报告,并尽快到校与孩子会面,而不是独自面对这个问题。

　　由于"校园霸凌"对学生的身心造成极大的影响,并且受到社会舆论的高度关注,学校通常会严肃处理此类事件。每个学校都有关于处理霸凌事件的规章制度,向老师、校长汇报后,一般会积极采取措施,无论是惩罚霸凌者还是对事件进行调解。如果霸凌情况严重,则需要联系当地执法部门介入。某些霸凌行为可能非常危险,有可能构成刑事犯罪。同样重要的是,告诉孩子如果他们受到威胁或欺负,要保存任何可能的证据。无论是言语还是非言语的霸凌行为,都应尽量保留证据,如电子邮件、笔记、网上评论等,以备将来使用。

5.5 家长应及时干预"校园软欺凌"事件

女儿上初中之后,自理能力、自控能力、学习能力都不差,本来我准备初中三年就一直让她住校的。谁料到了初一下学期快期末考试时,女儿遇到了一连串既似被孤立又似被欺凌的事件(我把这称为"软欺凌")。我当时焦头烂额,一方面怕女儿陷入那种困境不能好好复习而影响期末考试成绩,另一方面又怕孩子因为那些事没有及时解决留下后患或心理阴影,从而厌学。

事情的经过是这样的:初一下学期第一次月考时,女儿成绩突飞猛进,竟然考到年级前十几名,跟二班的班长排名前后脚。那位同学家在亦庄,家长上班忙,一直是跟着我的车回家。以前一起同车回家的有三个孩子,他们之间也没什么大的矛盾,但自从"五一"之后,这位男生突然不坐我的车回家了,每次都等自己家长周五请假去接。不知是不同车了,还是考试成绩太接近了,也许还有其他原因,反正自此女儿和那位男生的关系恶化了,而且二班的女生老是去女儿班上刁难她。临近期末考试时,总是有几位二班的学生在女儿复习时把她叫出教室,询问各种奇怪的问题。我怀疑是哪位男生在背后搞鬼,让女儿不理睬她们。

在一次下晚自习后,女儿和同班女生小雨一起去洗澡,在浴室里不知怎么小雨就说起高中部一位姓郭的女生。那位郭同学以前因为买饭插队,被小雨说过,当时高中女生曾一起帮郭同学威胁、辱骂过小雨,所以洗澡时小雨在我女儿面前就抱怨了几句。这些话不知怎么就传到了二班一位姓郭的女生那里,结果那位女生就到宿舍质问女儿,并闹到了宿管老师那里。后来,才发现是郭女生无理取闹,大家误会解除了就各自睡觉,但那时已是凌晨一点多了。

发生了这么多事,我怕女儿的情绪被打扰,影响学习和生活,曾请求女儿的班主任和二班的班主任一起调查一下:看看是同学误会,还是有人恶意挑拨,学生们不应该串着班挑衅。第二周,我见二班的班主任没有回应,就去学校直接约见了两位老师,把女儿的困境和我的立场说明白了,并请她们管好自己班学生,不要到别人班上惹是生非。

在那场误会之后的第二个星期五,突然高中部的郭同学带着自己的同伴,直接找到女儿班上,并把她叫出去,要女儿独自承认错误,并向她道歉。女儿当时不想说出小雨,就一个人揽下了这件事。回家后,女儿跟我说,被别人冤枉、被高年级的同学威逼着道歉,心里很难过。于是,我把这件事报告给了学校德育处领导,要求他们彻查此事。

虽然看起来我当时好像替孩子解决了所有矛盾,但是学校领导所说的"谁谁转学了",这事无法对证。后来,我送女儿去学校时,她看到郭同学,还是一副不敢面对的表情,而且她一直在念叨那几个曾经跟她发生冲突的女生的名字。我马上意识到女儿其实还是害怕那种被孤立、被欺凌的事件再次发生。另外,我也感觉到学校不可能保证这种事不会再次发生,一旦再发生,女儿势必很吃亏,而且后果可怕到无法估量,因为毕竟孩子是孤身一人在离家50多公里的地方上学,一周才能见一次家长,学校那么多复杂的局面,她又不可能随时报告给我。

经过冥思苦想,我终于得出结论:如果我及时过去陪读,一切不就解决了吗?那些挑衅的学生看我离学校近,几分钟就可以冲进学校保护孩子,应该不敢轻举妄动了。而且她们的事毕竟惊动过学校德育处,如果想保住学籍,不被开除,势必不敢轻易再制造事端。即使她们生出事端,我在女儿身边,也可以及时帮她指导,不至于让她一个人担惊受怕。

那段时间我心里很矛盾,其实当时去学校附近租房陪读,对我家来说多了一笔数目很大的开销。我转念一想:与孩子的安危和身心健康相比,花费一些金钱,给青春期的孩子陪伴还是十分必要的,要克服一切困难进

点评

作为青春期孩子的家长,一定要时刻关注孩子的心理,当他有压力有苦恼时,愿意跟我们沟通,说明他是身心健康的孩子。不管什么困难,家长都要和孩子一起去面对和解决,必要时,家长可以冲在前面,让孩子少受困扰和伤害。

其实,在孩子青春期时,哪些行为是真正的欺凌,谁也判断不准确,但家长不能因为够不上校园欺凌的标准而不及时干预。发生"校园软欺凌",家长不及时采取行动时,孩子就会认为家长不够重视

行陪读,要不然真出事了会后悔一辈子。

于是,我便在学校附近租了一套公寓房,住在那边陪孩子读书之后,女儿每天晚上放学后都回家睡觉,保证了每天八小时的睡眠时间,白天上课的精力也更充沛;而且由于女儿每天放学就走,她便很少卷入同学之间的是非,跟班级同学相处比以前要融洽多了;我每天亲自接送女儿,那几位以前生事的女生经常看见我,所以她们也不敢再找女儿的茬儿了,这样给女儿节省了不必要的解决纠纷的时间;女儿见我那么重视她,也非常珍惜,每天努力学习,而且她内心没有了那种被"软欺凌"的惧怕,做起事情、交起朋友来也自信多了,可以说心理负担完全放下了,学习生活更轻松了。

自己,另外,孩子也会认为在学校有什么困境告诉家长也没。这些都会导致他今后在学校遇到困难回家也不说了,就一个人藏在心里,从而不利于孩子的心理健康。

育儿·小妙招

(1)孩子被"软欺凌",家长一定要及时出面解决,不能任由事态发展

不管是小学生还是初中生,不管是男孩还是女孩,都有可能被"软欺凌"。即使那种被同学欺负的状态不像欺凌那么明显，但也会困扰孩子。对被欺负的孩子来说，他在学校每一分钟都是在煎熬，每一秒钟都在担忧和恐惧中，所以家长要速战速决，该找学校找学校，该找家长就找家长，这时要让孩子知道他有依靠。

（2）对学校或老师的处理方案，家长要慎重对待，最好一直追踪到底

出现"校园软欺凌"事件，报告学校老师是必要的，但不是说把问题交给了学校，就一定能彻底解决，毕竟校园里青春期孩子的状况总是不断，老师们也不是万能的。所以，有些事情家长还得从根上去解决，时刻注意保护好自己的孩子。

5.6 很"宅"的孩子对大自然不感兴趣的根源是什么

为什么有些家长会抱怨孩子长大后越来越不喜欢旅游了呢？尤其是到了高年级，相对于坐在宾馆或大巴车上打游戏，孩子对家长带他们出去游玩的兴趣越来越低。他们可能碍于情面或被家长威逼利诱，偶尔旅行一次，总是表现出各种不满，并找出各种借口，能不出门就尽量不出门，能不动就尽量不动。很多家长感到苦恼和困惑，但很少有人去思考孩子态度转变背后的原因。我认为，其实这不是因为孩子不爱旅行，而是从小就没有被培养出旅游兴趣，导致他们对电子产品之外的现实世界失去了探索的欲望。

女儿两岁多的时候，小区有一个旅游团，组织我们去白洋淀玩了一趟。那天上午安排的是游览白洋淀，下午安排的是去白沟购物。我们想让女儿和大巴车一起走，这样她可以见到更多的人，享受热闹的氛围；下午大人们可以去逛市场，而女儿正好可以在车上休息。然而，在去的路上，车上的人都没有说笑，都在打瞌睡。到了白洋淀，除了坐船是统一行动外，其他景点导游只给了很短的时间，每次领着女儿还没走到头，就要往回走。中午吃饭的情况也与最初的承诺不符，每一盘菜都只有一点，女儿还没怎么吃，大人们就已经吃完了。下午到了白沟，我们说女儿想在车上休息一下，但导游不同意，要求所有游客都下车，去市场转。结果我们在白沟停了三四个小时，等大家回到小区已经是晚上10点多了．这趟旅游对女儿来说没有任何新鲜感、热闹感和关爱感，也没吃好、休息好。从那天起，我们就决定以后国内游再也不跟团了。

六年级暑假时，我和朋友带着各自的孩子一起开车自驾游。我们每天只安排一个景点，按理说孩子正是喜欢玩的年纪，应该不会有什么抵触情绪。但是，朋友家那两个男孩一上车就开始睡觉；一到景点、爬山就催着回去，说无聊；回到宾馆后就开始打游戏，有时候甚至打到半夜。与此不同的是，女儿随身带着手机，遇到美丽的风景和独特的事物时，她会拍记录下来；每次爬山，即使再陡峭，她也会坚持登顶。回到宾馆后，女儿除了发微信朋友圈，大部分时间都不拿手机。她喜欢在睡觉前写游记、看会儿书或者看英文电影。每晚10点准时睡觉，第二天早早起床继续游玩。

在炎热的天气下，我们两个妈妈带着三个正处于青春期的孩子（其中有个男孩是邻居家的孩子），真是相当不容易：男孩不愿意外出，宁愿待在房间里；而女儿偏偏不喜欢待在房间里，喜欢一直在外面漫步。去游玩景点时，男孩表示不想动弹，只想找个地方坐下来；女儿却充满了兴致，想把每个角落都探索一遍。为什么会出现如此大的差异呢？后来，我一打听才知道，男孩的妈妈每年暑假都会带他出国去气温较低的地方旅行，而且选择跟团游，只需跟着导游品尝美食、拍照购物，其他任何事情都不需要操心。几年下来，每次带孩子出去旅行，都得先询问有什么好吃的、好玩的，否则孩子就不肯出门。由此看来，经常跟团旅游使得孩子习惯于舒适环境，他们旅行的目的更多是放松和享乐，对于探索陌生地方和未知世界的好奇心也逐渐消失了。因此，随着年龄的增长，他们对具有挑战性和耗体力的旅行越不感兴趣。

一般情况下，如果带孩子旅行的距离不超过700公里，我们会选择自驾游。例如，我们会去草原、北戴河，或者去河北、天津爬山等。自驾游的好处在于它的便利性和灵活性，我们可以带上许多旅行用品和食物，同时也有助于节省孩子的体力，让她在到达景点时有足够的精力尽情游玩。这样的做法既能够保留孩子对旅行的兴趣，又能够提高孩子的体能水平，并且不会让她感到出门在外太过艰难。

如果只是和其他妈妈一起带孩子旅行，而爸爸们不跟随的话，我们会选择自由行。不过，在海外旅行方面，我们通常会提前在大旅行社订好机票和酒店，以免到国外后陷入混乱。而在国内

> **点评**
>
> 青春期的孩子不愿意参与户外活动，对大自然缺乏兴趣的根源在于家长没有从小培养孩子良好的旅行和户外活动兴趣。在小学阶段，家长就应该着手培养孩子热爱旅行、擅长旅行的能力和兴趣。否则，在青春期之后，他们可能会成为一个毫无生活情趣、对外界不感兴趣的"宅孩"，并且很可能被电子产品永远束缚住。

旅行方面，我们也会提前订购好往返票、景点门票以及住宿的酒店。到了目的地后，我们不会安排过于紧凑的行程，这让孩子感觉更加轻松自在，并且保证孩子拥有足够的时间进行思考和探索。

每当我独自带着女儿出国旅行时，我一定会选择参加正规的旅游团，全程跟随导游。这样一来，一方面我不用担心听不懂当地语言，另一方面在一个中国人占多数的团体里，孩子会感到安全。作为热爱旅游、懂得旅行的家长，孩子自然会对大自然产生热爱之情，并且在旅行中学到足够的"外交"能力。无论是与人的交往还是与自然界的互动技巧，孩子都将从中受益终身。

育儿小妙招

（1）家长带孩子出去旅行应该有明确的目的

如果希望锻炼孩子的体能，可以选择自驾游或爬山等户外活动；如果想提高孩子的交际能力，可以选择国外自由行；如果想纯粹享受游玩或者陪伴家长轻松度过假期，偶尔选择跟团游也是可以的。在带孩子出去旅行之前，家长应该充分考虑并选择合适的出行方式。不能只是为了放松而随意跟随旅游团，上车就看手机、下车就拍照，回宾馆就睡觉，这样对孩子没有任何好处。

（2）旅行期间，家长要确保孩子不沉迷于打游戏

无论选择何种出行方式，家长要尽量陪伴孩子玩耍、参与他们的活动，并尽量减少他们接触手机等电子产品的时间。此外,我建议在旅行中的目标要保持纯粹,除了带上笔、纸质的书和日记本,尽量不要携带其他学习用品。家长最好不要在旅行期间给孩子布置学习任务,这样可以减轻孩子的心理负担,让孩子尽情享受旅行的乐趣。

(3)家长要让孩子做到"游有所得"

孩子的求知欲很强,因此家长要带孩子去看世界、探索大自然、开发他们的思维、提高他们与外界的交往能力,去锻炼他们的体能。无论是为了增长知识、锻炼交际能力,还是为了全家一起放松,都应选择合适的旅行方式,让孩子有所收获。

后记

在 2021 年 4 月的一个清晨，我踏上了前往海南的考察之旅。在北京大兴机场等待登机的时光里，我的同伴已经沉沉打盹，我也半闭着眼睛休息。然而，在那一刻，一个突如其来的思考闪现脑海："许多人一边工作一边抚养孩子，不管孩子们最终成长如何，至少他们有了自己的职业生涯和经济基础。而我，全职投入了十多年来养育女儿，她到底有何不同？我在她成长的过程中又扮演了哪些独特的角色呢？"我不禁自问，从外貌气质、学业成就到生活技能，似乎并没有发现明显的差异。

但是，我又突然想到：随着年龄的增长，许多孩子的教育变得愈加困难，而我与女儿的沟通却越发顺畅，我们之间有着难以言表的心灵默契。她在所处的环境中越来越快乐，丝毫看不出青春期常见的逆反心理。

岁月流转，女儿步入中学阶段，偶尔的摩擦不可避免，但无论问题大小、严重与否，我们总能在一天之内化解矛盾，重归于好。这或许与我从小对她社交能力的培养以及为她开辟的各种情感宣泄渠道息息相关。

就在飞机即将起飞的最后几分钟,我匆忙记下了"社交培养与亲子陪伴""婴幼儿时期"等关键词。在随后的海南之行中,这个构想不断在我脑海中盘旋。

人们常说,特殊的环境能激发人的灵感。经过多次深思熟虑的修改,这一构思终于初具雏形,并顺利与中国铁道出版社有限公司签订出版协议。至此,我满怀欣慰地想分享:"婴幼儿社交力"这种隐性社交商终于得到认可,并将很快帮助更多面临困惑的父母。

确实,如今的孩子聪明伶俐,不必过分强调智商、财商的培养,但他们确实需要父母从婴幼儿时期开始,精心培育和激发"内在社交力",以帮助他们在未来的人生旅途中轻松应对各种事务和情绪挑战,走得更加顺风顺水。

这本书的问世,得益于一路相伴并鼓励我的家人和朋友,更要感谢中国铁道出版社有限公司编辑老师的辛勤工作。由于我个人能力有限,书中若有不足之处,恳请广大读者不吝赐教,提出宝贵的批评和指正。